Sicher zur Rechtschreibung

Ein Lehrgang in Nachschriften

Arbeitsheft für das
5. Schuljahr

Günter Gramsamer
Franz Holzner

Ernst Klett Verlag
Stuttgart Düsseldorf Leipzig

Inhaltsverzeichnis

Bildquellenverzeichnis

S. 4: © Photo Studio Otto Hahn – **S. 6:** © Verlag Heinrich Vogel, München – **S. 8:** © Reiter, BAVARIA-Verlag, Gauting b. München – **S. 10:** © Bildarchiv Preußischer Kulturbesitz, Berlin – **S. 12:** © dpa-Bild, Frankfurt/M. – **S. 14:** © Süddeutscher Verlag, München – **S. 16:** Klaus Uwe Neumann, Stuttgart – **S. 18:** © Bildarchiv Preußischer Kulturbesitz, Berlin – **S. 20:** © Robert Holder, Urach; Süddeutscher Verlag, München – **S. 22:** © Schrempp, Photo-Center Braunschweig – **S. 24:** © Photo Media-Bildagentur Mauritius, Mittenwald – **S. 26:** © Ernst Klett Verlag, Stuttgart – **S. 28:** © Hans Reinhard, BAVARIA-Verlag, Gauting b. München – **S. 30:** © Toni Angermayer; Hans Pfletschinger, Holzkirchen – **S. 32:** Thomas Zörlein, Stuttgart – **S. 34:** © ADAC-Zentrale, München

Dieses Werk entstand unter Mitwirkung der Verlagsredaktion Deutsch.

Grafik und Montage: Günter Bosch, Stuttgart

4. Auflage 4 14 | 2009 2008 2007

Die vorliegende Auflage ist gegenüber den vorherigen Auflagen zum Teil auch inhaltlich verändert.
Die letzte Zahl bezeichnet das Jahr dieses Druckes.

Internetadresse: http://www.klett.de
Umschlag: M. Muraro
Druck: Gutmann + Co. GmbH, 74388 Talheim. Printed in Germany.
ISBN: 3-12-219180-6

9 783122 191801

Liebe Schülerin, lieber Schüler,

dieses Heft hilft dir, Wörter, die du in deinem Alter häufig gebrauchst, richtig und sicher schreiben zu lernen.

Rund 270 Lernwörter, die in insgesamt sechzehn Texten enthalten sind, kannst du ausgiebig üben, ehe deine Lehrerin oder dein Lehrer dir den Text in leicht veränderter Form als Nachschrift diktiert.

Eine Reihe von Übungen dienen der Wiederholung von Wörtern, die du schon einmal gelernt hast. Wenn dir bei diesen Wörtern trotzdem noch Fehler passieren, solltest du dir für sie eine Trainingsliste anlegen, wie sie dir auf Seite 49 gezeigt wird.

Viele Lernwörter mit rechtschriftlichen Besonderheiten, auch Fachbegriffe und Fremdwörter sowie Wiederholungswörter sind in Wortlisten für ein weiteres Training zusammengestellt.

Einige Seiten des Arbeitsheftes machen dich sicherer im Gebrauch von Wörterbüchern.

Die in den Aufgabenstellungen verwendeten grammatischen Fachbegriffe findest du auf Seite 51 erklärt.

Von Zeit zu Zeit wird dir deine Lehrerin oder dein Lehrer Wörter diktieren, die du nur in vorgegebene Lückentexte einzusetzen brauchst. Dabei erfährst du, ob du die geübten Wörter der Texte auch nach längerer Zeit noch richtig schreiben kannst.

Davor brauchst du gar keine Angst zu haben, denn du hast sie ja bis dahin oft geübt und wiederholt.

Im Heft findest du häufig diese beiden Zeichen. Sie bedeuten:

Du sollst diese Aufgabe zuerst mündlich lösen, dabei genau auf die Wörter hören und sie dann aufschreiben.

Im Arbeitsheft ist nicht genug Platz zum Schreiben. Löse diese Aufgabe im Übungsheft.

Und nun viel Spaß und guten Erfolg!

Günter Gramsamer

Franz Holzner

Unsere Zugvögel

Jedes Jahr im September regt sich bei vielen unserer heimischen Vogelarten unwiderstehlich der Wandertrieb. Die Zugvögel bereiten sich darauf vor, ihre Brutplätze zu verlassen. Niemand weiß genau, woher die Vögel den merkwürdigen Trieb haben, in wärmere Länder zu fliegen. Während sie bei uns im Winter verhungern müssten, finden sie dort genügend Insekten als Nahrung. Wahrscheinlich ziehen sie seit Millionen von Jahren auf denselben Wegen. Trotz Sturm und Hitze erreichen sie über große Strecken hinweg ihr Ziel. Man vermutet, dass die Kenntnis dieser Zugstraßen ebenso vererbt worden ist wie der Nestbau. Woher aber wissen die Vögel, wann sie abfliegen müssen und wann sie zurückkehren können?

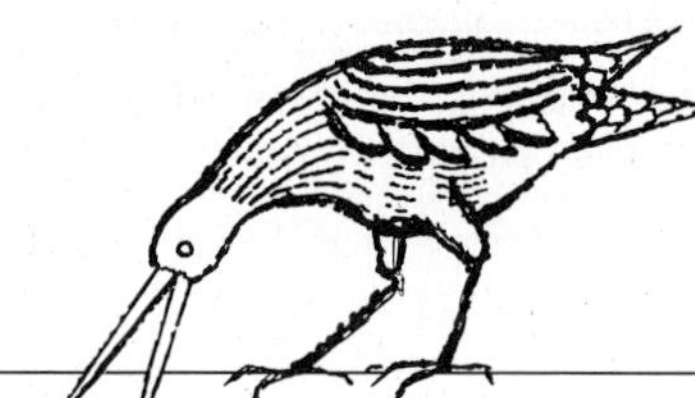

1 Diese Wörter des Textes müsstest du schon schreiben können:

bereiten finden fliegen Hitze Jahr Nahrung müssen ziehen
niemand September viel Vogel während wandern warm Ziel

Lies sie langsam und lass sie dir dann von deinem Partner diktieren. Prüfe, ob du alle richtig geschrieben hast. Trage Wörter, bei denen dir Fehler passierten, in eine Trainingsliste ein, wie sie dir auf Seite 49 gezeigt wird.

2 Diese Wörter des Textes sind neu:

erreichen Insekt widerstehen heimisch brüten
genau Art regen würdig Strecke
genügend vererben ebenso Land
vermuten wahrscheinlich Million

Unterstreiche die neuen Wörter im Text. Lies sie genau und vergleiche.
Erkläre die abweichende Schreibweise der Lernwörter „brüten" und „Art", wie sie im Text vorkommen.

3 Ordne die Lernwörter alphabetisch. Setze vor die Nomen den Artikel.

die Art, . . .

4 Zehn Lernwörter kannst du so aufschreiben:

mit 5 Buchstaben	mit 6 Buchstaben	mit 8 Buchstaben

5 Wie heißen diese sechs Lernwörter?

6 Schreibe die Sätze ab, in denen Lernwörter mit anderen Wörtern zusammengesetzt sind. Unterstreiche diese Wörter.

7 Verbinde die Silben. Schreibe die Wörter dann nach Silben getrennt *In-sekt* auf und sprich sie dabei deutlich.

brü	*dig*	*er*	*nü*	*lich*
In	*ten*	*ge*	*mu*	*on*
hei	*sekt*	*ver*	*schein*	*ben*
wür	*misch*	*wahr*	*li*	*gend*
		ver	*er*	*ten*
		Mil	*rei*	*chen*

8 Setze die Nomen in die Mehrzahl und trenne.

die Ar-ten, ____________________

____

9 Schreibe diese Wörter vollständig auf. Sprich sie deutlich.

Ins   *genü*   *heim*   *Str e*   *M ion*

10 Setze zusammen und schreibe nach Nomen und Verben geordnet auf.

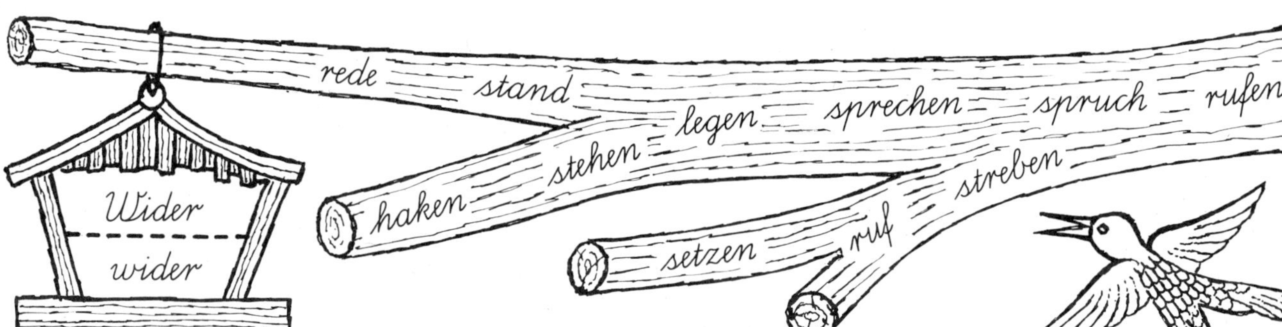

11 Bilde neue Wörter. Sprecht über ihre Bedeutung.

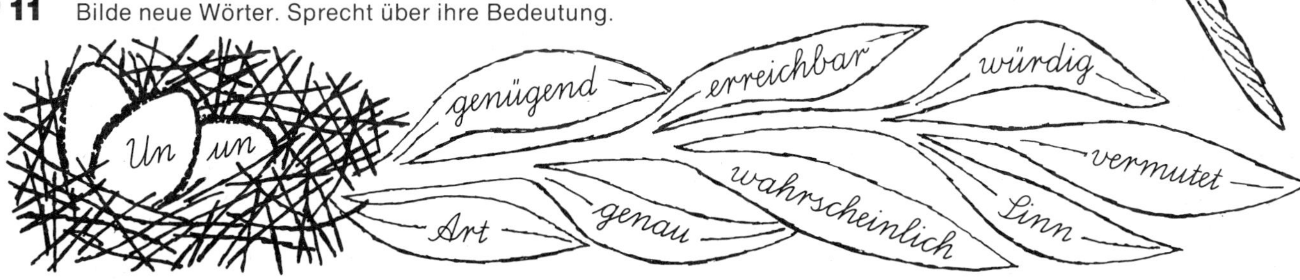

____

____

12 Bilde Sätze und schreibe sie im Präteritum auf.

Peter	brüten	sich heftiger Widerspruch
Der Schüler	erreichen	seiner Tochter ein großes Haus
Vater	regen	das beste Ergebnis seit langem
Die Mutter	vererben	stundenlang über seiner Arbeit
In der Klasse	vermuten	ihren Sohn auf dem Sportplatz

13 Schreibe den Text der Nachschrift ganz in dein Heft. Teile dir die Sätze vorher durch senkrechte Striche in Wortgruppen, die du dir für das Abschreiben merken kannst, z. B.:
Jedes Jahr im September | regt sich bei vielen | unserer heimischen Vogelarten | unwiderstehlich der Wandertrieb.

Richtiges Verhalten im Verkehr

Immer wieder können wir in der Zeitung lesen, dass Kinder auf dem Schulweg verunglücken. Zu den häufigsten Ursachen zählen ohne Zweifel Leichtsinn und falsches Verhalten an der Ampel. Es beweist keinen besonderen Mut, bei Rot die Straße zu überqueren. Man muss allerdings mit Bedauern feststellen, dass Erwachsene hier nicht selten ein schlechtes Vorbild geben.

Besonders häufig sind Schüler als Radfahrer in Unfälle verwickelt. Deswegen sind gezielte Übungen auch für ältere Schüler wichtig. In der Jugendverkehrsschule wird das richtige Verhalten in Gefahrensituationen gründlich trainiert. Damit soll erreicht werden, dass Kinder aufmerksame und gewandte Verkehrsteilnehmer werden, denen es besser gelingt, Unfälle zu vermeiden.

Gefahr richtig Verkehr wieder Zeitung häufig
überqueren gelingen erwachsen gezielt wichtig Jugend besser

1 Diese Wörter kennst du bereits. Bei welchen Wörtern hilft dir deutliches Mitsprechen, bei welchen das Nachdenken? Welche Wörter musst du dir merken?
Versuche die Wörter zu ordnen, wie es dir auf Seite 49 gezeigt wird.
Lass dir die Wörter von deinem Partner diktieren und vergleiche.

2 Deine neuen Lernwörter! Suche sie im Text, sprich sie laut, unterstreiche und vergleiche sie.

aufmerksam bedauern Situation Zweifel meiden
trainieren verwickeln allerdings Ampel Ursache Rad
besonders gründlich Sinn beweisen gewandt

3 Ordne die Lernwörter so:

Nomen (6)	Verben (5)	Adjektive (3)	andere Wörter (2)

4 Schreibe alle Lernwörter auf, in denen der Buchstabe „e“ öfter als einmal vorkommt.

5 Suche den Satz heraus, der vier Lernwörter enthält.

6 Drei der Lernwörter sind im Text mit einem anderen Wort zusammengesetzt. Schreibe sie heraus.

7 Sprich die Lernwörter nach Sprechsilben getrennt und ordne sie nach ihrer Silbenzahl. Achtung bei „Situation“. Schau im Wörterbuch nach.

einsilbig	zweisilbig	dreisilbig

8 Jeweils zwei, drei oder vier Silben ergeben ein Lernwort.

9 Achtung, besonders schwierige Wörter! Sprich sie deutlich, baue sie zusammen und schreibe sie auf.

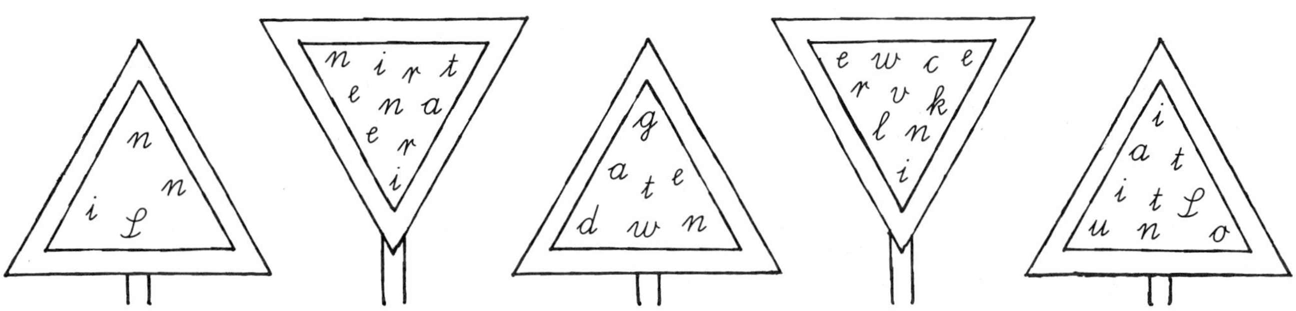

10 Unterstreiche die großgeschriebenen Wörter im Kasten. Ordne zu und schreibe richtig auf.

(1) *Ich überquere nie*
(2) *Ich fahre nur*
(3) *Vor der Kreuzung warte ich*
(4) *Bereits auf der Kreuzung, räume ich sie*

bei Grün
bei Gelb
bei Gelb
bei Rot

die Straße.
auf das nächste Zeichen.
rasch.

11 Beobachte auch hier die Großschreibung. Ergänze und unterstreiche das ergänzte Wort.

bedauern: Mit ________________ habe ich von deinem Unfall gehört.

hoffen und *bangen:* Mit ________________ und ________________ gehe ich in die Prüfung.

kichern und *lachen:* Mit ________________ und ________________ verbrachten sie den Nachmittag.

12 Lies dir den Text der Nachschrift mehrmals laut vor. Teile die Sätze durch senkrechte Striche in Wortgruppen, die du dir für das Abschreiben merken kannst.
Diktiere dir die Nachschrift in Wortgruppen und schreibe sie in dein Heft.

Im Süden Deutschlands

Der Fläche nach ist Bayern das größte Land der Bundesrepublik Deutschland, während Nordrhein-Westfalen die meisten Einwohner hat. Wie in anderen deutschen Gebieten leben auch in den Bezirken Bayerns verschiedene Volksstämme zusammen. Der Atlas zeigt, dass Bayern wie fast alle Bundesländer Grenzen hat, die zugleich deutsche Staatsgrenze sind.

Bei der Einreise nach Bayern fällt das bekannte Schild mit der Aufschrift „Freistaat Bayern" ins Auge. Die bayerische Bevölkerung wollte damit im Jahre 1918 ausdrücken, dass sie nun frei von einem König war.

München, der Sitz der bayerischen Regierung, ist eine der wenigen Millionenstädte Deutschlands. Sie ist wegen ihrer Nähe zu den Alpen sehr geschätzt und besonders seit den Olympischen Spielen 1972 Treffpunkt für Besucher aus aller Welt.

1 Diese Wörter des Textes sollten dir keine Schwierigkeiten mehr bereiten. Sie sind mit Wörtern verwandt, die du schon gelernt hast.

Sitz	*Einwohner*	*Bevölkerung*	*Nähe*	*Einreise*	*bekannt*
Besucher	*Aufschrift*	*Deutschland*	*ausdrücken*		

a Schlage im Verzeichnis S. 50 bis S. 54 nach und suche die Wörter auf, von denen sie abstammen. Vergleiche und besprich sie mit deinem Partner.

b Schreibe so nebeneinander auf: *die Bevölkerung ← das Volk, …*
Lass dir diese Wörter dann von deinem Partner diktieren.

2 Dies sind die neuen Wörter des Textes.

Gebiet	*meist*	*Atlas*	*Punkt*	*Regierung*	*Grenze*
Alpen	*Norden*	*Schild*	*Staat*	*Süden*	*Republik*
verschieden	*schätzen*	*Bezirk*	*Fläche*		

Unterstreiche sie im Text. Vier Lernwörter sind in zusammengesetzten Nomen versteckt, eines in einem Ländernamen. Sprich die Wörter deutlich und schreibe sie so auf.

mit 1 Silbe	mit 2 Silben	mit 3 Silben

3 Einige Wörter des Textes sind wichtige Namen. Unterstreiche sie im Text farbig und setze sie dann hier ein:

__________ ist die Hauptstadt __________, aber nicht alle __________

Bürger sind __________. 1972 fanden in der __________ Hauptstadt die __________

__________ statt. __________ gehört damit zu den __________orten.

4 Welche sechs Lernwörter findest du?
Schreibe auch die Sätze auf,
in denen sie vorkommen.

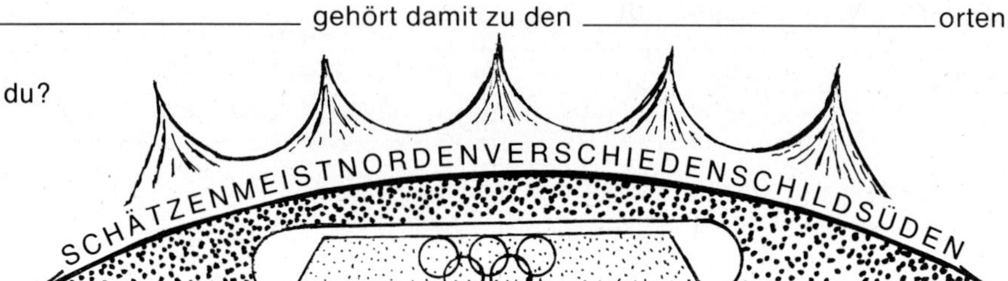

5 Zehn Lernwörter passen in diese Rahmen.

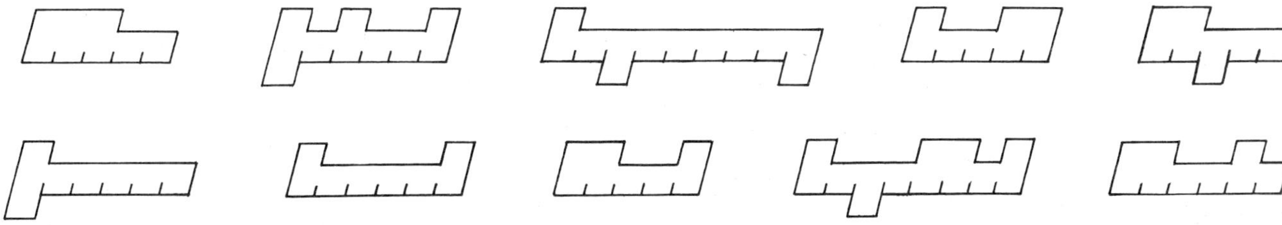

6 Ergänze die Lernwörter und schreibe sie dann dem Alphabet nach geordnet auf.

Repu . . . .   Be . . . .   Re . . . . ung   ver . . . . en

mei . .   A . . . s   Ge . . . .   Pu . . .   Al . . .   sch . . . en.

7 Buchstabensalat. Baue die Wörter auf und sprich sie deutlich.

8 Ergänze hier die zugehörigen Wörter mit „a" oder „ä".

a	*der*		*flach*	*der Stamm*	*nahe*
ä	*schätzen*	*die Städte*	*die*		*die*

Suche selbst solche Beispiele und sprich mit deinem Partner darüber.

9 Hier kannst du häufige Nomen mit „aa" bilden. Schreibe sie im Singular und Plural auf. Schlage im Wörterbuch nach und suche Zusammensetzungen und Ableitungen.

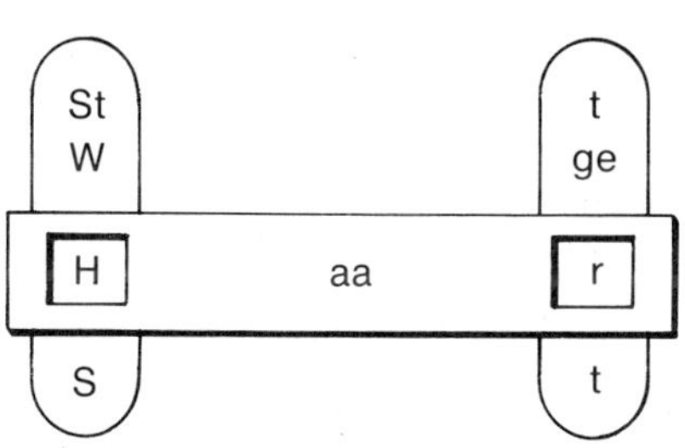

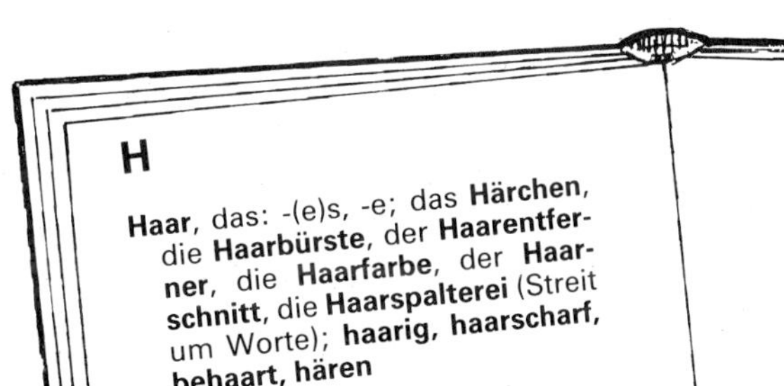
H

Haar, das: -(e)s, -e; das **Härchen**, die **Haarbürste**, der **Haarentferner**, die **Haarfarbe**, der **Haarschnitt**, die **Haarspalterei** (Streit um Worte); **haarig**, **haarscharf**, **behaart**, **hären**

das Haar,
die Haare,
die Haarbürste
. . .

10 Bilde Sätze und schreibe sie auf.

Die Am In den Grenzen sind In einer Republik gibt es	meist meisten	Staaten der Erde wird Fußball gespielt schätzen viele die Nähe zu den Alpen eine gewählte Regierung nicht natürlich Einwohner Bayerns leben in Städten

11 Sprich die Lernwörter langsam und deutlich auf Tonband, mache nach jedem Wort eine kurze Pause. Höre die Wörter anschließend ab und stelle dir dabei das Schriftbild vor. Lass sie dir dann vom Band diktieren und kontrolliere dich. Wenn du keinen Kassettenrekorder benutzen kannst, dann lass dir die Lernwörter diktieren.

Von der Steinzeit zur Metallzeit

Die Anfänge der Menschheit reichen weit in die Vergangenheit zurück. Wir können nur ahnen, wie das Leben der Menschen in der Frühzeit aussah, als sie sich mit Jagen, Fischen und dem Sammeln von Beeren und Pilzen ihre Nahrung beschafften. Was wir heute wissen, beruht auf planmäßigen Ausgrabungen und auch auf zufälligen Funden.
In der Altsteinzeit wurden die Waffen und Werkzeuge aus Stein hergestellt, zunächst durch rohes Abschlagen. In der Jungsteinzeit wurden die Oberflächen geschliffen. Äxte und Hämmer erhielten Bohrungen, in die ein Stiel eingepasst werden konnte. Für Schmuck wurden jetzt auch schon Metalle verarbeitet. Die Metallzeit brachte mit der Entdeckung des Eisens einen großen technischen Fortschritt, der das Leben der Menschen in der damaligen Zeit sehr veränderte.

1 Diese Wörter kennst du schon. Lass sie dir von deinem Partner diktieren und vergleiche. Trage „Fehlerwörter" in deine Trainingsliste ein.

anfangen Menschen jagen fischen sammeln
Nahrung schaffen graben Axt bohren Stiel
schmücken ändern

2 Fahre die folgenden neuen Lernwörter zweimal farbig nach, unterstreiche sie dann im Text und vergleiche sie.

Eisen ahnen Beere früh
Plan Vergangenheit fort zunächst
schleifen entdecken Pilz
Hammer zufällig technisch
Werkzeug Schritt Metall Waffen

3 Schreibe von den Lernwörtern die Nomen mit ihren Artikeln auf.

4 Ordne die Verben nach dem Abc. Setze sie ins Perfekt und ins Präteritum, und vergleiche:
ich habe angefangen – ich fing an.
Benutze im Zweifelsfall das Wörterbuch.

5 Welche Lernwörter hast du in den Aufgaben 3 und 4 noch nicht aufgeschrieben?

6 Welches Lernwort passt in welchen Wortrahmen?

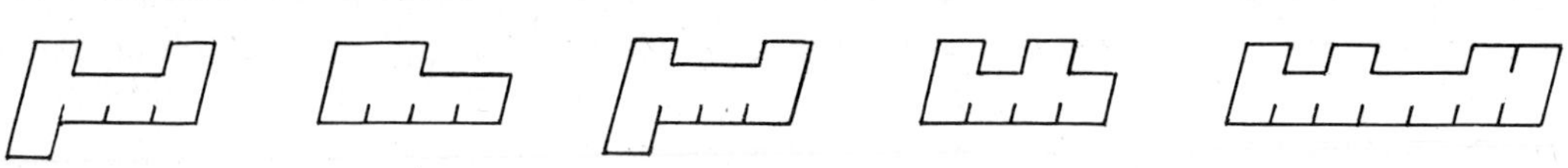

7 Silbenrätsel. Zwei Silben ergeben immer ein Lernwort.

8 Setze die fehlenden Silben ein.

*ent-*__________ *-cken,* __________*-gangen-*__________, __________*-fäl-*__________

9 Schreibe die Lernwörter so auf, wie sie im Text vorkommen.

entdecken: ______________________ *fort:* ______________________

früh: ______________ *Metall:* ______________ *Plan:* ______________

10 Erkennst du die Lernwörter?

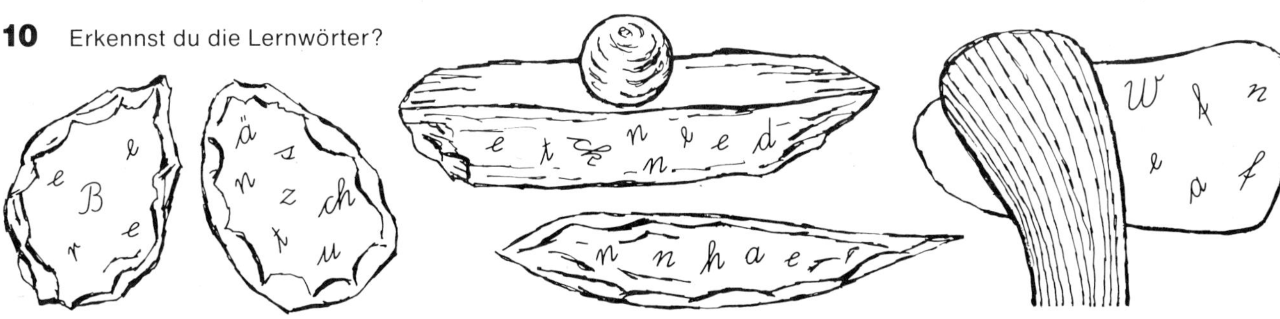

____

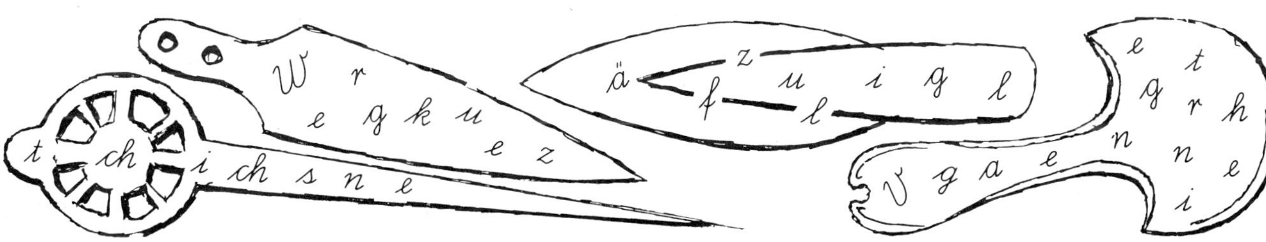

____

11 Aus Verben werden Nomen.
Suche im Text die Sätze, in denen die folgenden Verben vorkommen. Erkläre die Groß- und Kleinschreibung und ergänze die Wörter.

jagen	– *das* ______________	entdecken	– *die* ______________
sammeln	– *das* ______________	ändern	– *die* ______________
leben	– *das* ______________	ahnen	– *die* ______________
schleifen	– *das* ______________	ausgraben	– *die* ______________
finden	– *das* ______________	bohren	– *die* ______________
bohren	– *das* ______________	sammeln	– *die* ______________

12 Bereite den Text durch senkrechte Striche (Wortgruppen) für das Abschreiben vor. Schreibe die Nachschrift fehlerfrei in dein Heft.

Ein neues Fach

Zu den neuen Fächern, die manche Schüler im fünften Schuljahr neugierig erwarten, gehört das Fach Englisch. Es ist schon etwas Besonderes, eine Fremdsprache zu erwerben, die als Weltsprache gilt. Wer die englische Sprache beherrscht, kann sich mit etwa 600 Millionen Menschen auf der Erde verständigen. Es ist auch nichts Neues, dass in vielen modernen Berufen Kenntnisse in dieser Sprache gefordert werden. Schließlich ist sie in Wirtschaft, Luftfahrt und Fremdenverkehr notwendig und von großer Bedeutung. Nicht bei allen Schülern ist die Begeisterung für diese Fremdsprache vorhanden. Aber aus der Beschäftigung damit erfahren sie viel Wichtiges über das Land selbst und seine Bevölkerung. Oft ergibt sich daraus ein Englandbesuch, bei dem sich jeder gewiss die Sprache am besten aneignen kann.

Das sind Lernwörter dieses Textes:

beschäftigen	modern	Bedeutung	notwendig	fordern
Wirtschaft	herrschen	englisch	aneignen	Fach
Begeisterung	neugierig	erwerben	gelten	verständigen

1 Lies diese Wörter deutlich. Suche sie im Text, unterstreiche und vergleiche.
Sprich mit deinem Partner über Unterschiede, die du feststellst. Sucht Wörter heraus, bei denen euch Nachdenken hilft, sie richtig zu schreiben.

2 Ordne die Lernwörter so:

Nomen	Verben	Adjektive
das Fach		

3 Welche Lernwörter haben dieselbe Bedeutung?

erwerben	Jubel	gespannt	neuartig	verlangen	regieren

4 Schreibe die Lernwörter ab:

mit 8 Buchstaben (3) ______

mit 9 Buchstaben (4) ______

mit 12 Buchstaben (3) ______

5 Schreibe die drei Sätze ab, in denen jeweils drei Lernwörter vorkommen.

6 Suche gemeinsam mit deinem Partner nach Wörtern des Textes, die du schon früher gelernt hast oder die du von früher gelernten Wörtern ableiten kannst. Schreibe sie so auf:

Zusammengesetzte Nomen	Nomen	Verben

Diktiert euch diese Wörter gegenseitig.

7 Erkennst du, welche Lernwörter hier verdeckt sind? Schreibe sie vollständig auf.

...schen   be...igen   ...wen...   Wirt...

gel   ständ   Be   tung   for

8 Hier kannst du viele neue Wörter bilden.
Verwende sie im Perfekt und Präteritum.

er	be	ver	an

fahren   werben   eignen   ziehen   fordern
gelten   stehen   herrschen   deuten

9 Mit der Nachsilbe | ung | kannst du Verben in Nomen verwandeln.

bedeuten – die ______	beherrschen – ______
begeistern – ______	verständigen – ______
beschäftigen – ______	vergelten – ______
fordern – ______	werben – ______

10 Ein Lernwort ist im Text einmal groß- und einmal kleingeschrieben. Vergleicht und begründet.

Nomen	Adjektiv
das Fach **Englisch**	die **englische** Sprache

Entscheide bei den folgenden Beispielen über Groß- und Kleinschreibung und schreibe den Text ab.

Die E/englische Königin ist bei ihrem Volk sehr beliebt. Mit E/englisch kann man sich fast überall auf der Welt verständigen. Den meisten Schülern bereitet es Spaß E/englische Lieder zu lernen. Für einen Engländer ist es fast schwerer die D/deutsche Sprache zu erlernen als für einen D/deutschen sich E/englisch anzueignen.

11 Im Text findest du drei Adjektive, die großgeschrieben sind. Schreib sie hier auf:

Es ist schon *etwas Besonderes*

Es ist auch ______

Sie erfahren ______

Auch diese Wörter könnten vor den Adjektiven stehen.

wenig genug alles mancherlei	*G*	*ewöhnliche(s)* *ute(s)* *roße(s)* *elehrte(s)* *enaue(s)*

Schreibe zu jedem Beispiel einen Satz in dein Heft. Nun kannst du eine Erklärung für die Großschreibung der Adjektive finden. Vergleicht und notiert die Regel ins Heft.

12 Schreibe den Text ganz ab und gehe dabei so vor:
- Teile jeden Satz in Wortgruppen ein.
- Lies dir jede Gruppe von Wörtern halblaut vor und schreibe sie dann auf.
- Schreibe gut lesbar und vergiss die Satzzeichen nicht.
- Überprüfe gleich jeden Satz.

Städte als Mittelpunkte

Die großen deutschen Städte haben eine lange Geschichte. Meist wurden sie in der Vergangenheit als Mittelpunkte von Handel und Handwerk immer größer. Einige früh entstandene Großstädte Deutschlands, wie zum Beispiel München, Hamburg oder Köln, sind auch in der Gegenwart Zentrum ihrer Umgebung.

Bedeutende Betriebe bieten in Fabriken und Büros zahlreiche wichtige Arbeitsplätze. Trotz größerer Entfernungen kommen viele Bewohner des Umlandes nicht nur zum Arbeiten, sondern auch zum Einkaufen oder zum Vergnügen in die Stadt. Manche Waren gibt es in kleineren Orten nur in geringer Auswahl. Einrichtungen wie Theater, Kinos oder Museen fehlen meist ganz. Umgekehrt fahren die Städter an den Wochenenden gerne zum Wandern oder zum Baden in ihre ländliche Umgebung.

1 Diese Wörter müssten dir schon bekannt sein:

Großstadt Beispiel Arbeitsplatz kommen fahren
einkaufen wichtig zahlreich deutsch Bewohner
Wochenende Auswahl Fabrik Theater

Lies diese Wörter aufmerksam durch. Arbeite mit deinem Partner. Diktiert euch die Wörter gegenseitig und überprüfe dich. Vergleiche mit den Wörtern im Verzeichnis auf Seite 52 ff. Sprich mit deinem Partner über die zusammengesetzten und abgeleiteten Wörter.

2 Diese Wörter des Textes sollst du nun neu lernen.

Geschichte Museum fehlen Ware Kino
Zentrum Büro Entfernung Vergnügen Gegenwart
bieten Umgebung gerne Einrichtung Handel gering

Lies die Lernwörter deutlich. Suche sie im Text, unterstreiche und vergleiche sie.
Stelle Wörter, die im Text in anderer Form vorkommen, so gegenüber:

das Büro – die Büros, ______________________

____

____

3 Schreibe alle Lernwörter nach dem ABC geordnet auf.

4 Ordne die Lernwörter nach der Zahl ihrer Silben. Sprich sie dir deutlich vor:

Wörter mit zwei Silben (9)	Wörter mit drei Silben (7)

5 Erkennst du die Lernwörter in Geheimschrift?

________ ________ ________ ________ ________

6 In diesem Rätsel sind sechs der neuen Nomen einzusetzen.

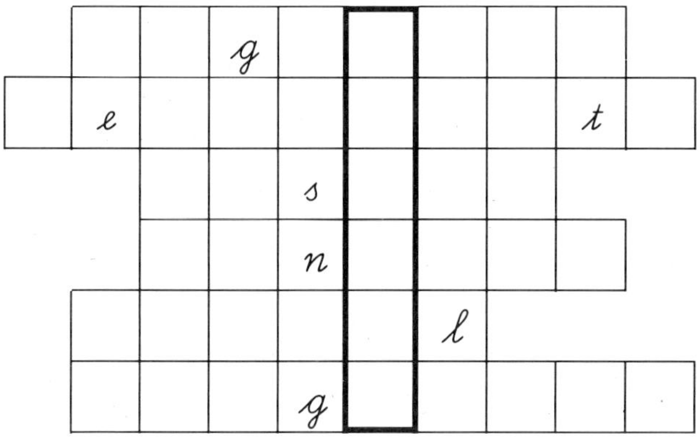

Das Lösungswort in den dick umrandeten Feldern kannst du mit diesen Vorsilben zusammensetzen:

auf- an- ver- unter- über-

7 a Diese Silben ergeben zwölf Lernwörter.

bie – Bü – bung – del – Ein – Ent – feh – fer – Ge – ge – gen – ger – gnü – Han – Ki – len – ne – no – nung – re – rich – ro – schich – te – ten – tung – Um – Ver – Wa

b Sprich die Wörter deutlich und schreibe sie nach Silben getrennt so auf:

ein Konsonant	zwei Konsonanten	Wörter mit Vorsilbe
Bü - ro	Han - del	Ein - rich - tung

c Kläre mit deinem Partner, was bei der Trennung dieser Wörter zu beachten ist.

d Suche mit deinem Partner unter den bisher geübten Lernwörtern weitere Beispiele zu jeder Spalte.

8 Baue diese Purzelwörter auf.

H n l a d e	r e g g i n	V n g e ü g n e r	E f e t n r n u g n	Z t u e r n m	G g e w e t n r a

Verwandle auch andere Lernwörter in Purzelwörter und lass sie von deinem Partner lösen.

9 Einige Verben im Text sind zu Nomen geworden; sie sind daher großgeschrieben.

arbeiten
baden
einkaufen
wandern

zum = zu dem

Arbeiten
Baden
Einkaufen
Wandern

a Suche die Sätze mit diesen Wörtern. Erkläre das Wort vor dem großgeschriebenen Verb.

b Auch in den folgenden Sätzen werden Verben zu Nomen.
Schreibe sie richtig auf. Vergleiche das Wort vor dem Verb mit „zum" und erkläre es.

Peter hat Freude
Manche Kinder denken gerne
Viele Urlauber erholen sich
Renate kommt gerade
Hans zeigt nur wenig Anstrengung

am
beim
im
vom
ans

SCHWIMMEN
BASTELN
WANDERN
TURNEN
REITEN

Nun kannst du die Großschreibung von Verben erklären.

10 Hier kannst du zusammengesetzte Wörter bilden.

11 Schreibe den Text der Nachschrift fehlerfrei in dein Heft.

Ein besonderes Buch

Ein bekannter Schriftsteller fragte einmal nach seinem Vortrag einen seiner Zuhörer: „Wie gefällt Ihnen mein neues Abenteuerbuch?“ „Es ist glänzend“, äußerte dieser, „aber alles, was Sie geschrieben haben, habe ich bereits in einem anderen Buch entdeckt.“ „Das ist eine unverschämt freche Behauptung!“, brauste der Schriftsteller auf. „Welches Buch wäre das?“ Lächelnd reichte ihm sein Gesprächspartner ein Wörterbuch.
Das Wörterbuch ist ein Verzeichnis aller Wörter unserer Sprache. In ihm finden wir Auskunft über ihre Schreibung. Oft ist es unsere einzige Hilfe, denn niemand hat alle Schreibweisen im Gedächtnis oder weiß über die vielen Regeln vollkommen Bescheid. Auch zur Berichtigung von Fehlern in Diktaten kann das Wörterbuch mit Erfolg verwendet werden. .

Das sind die Lernwörter der Nachschrift:

Abenteuer	Diktat	Regel	Erfolg	Schrift	Gedächtnis
Auskunft	Partner	frech	Behauptung	Verzeichnis	
einzig	äußern	Bescheid	brausen	glänzen	

1 Lies die Wörter genau. Suche sie im Text, unterstreiche und vergleiche sie. Drei Lernwörter findest du in zusammengesetzten Nomen. Schreibe sie mit dem Artikel auf.

2 Schreibe alle Lernwörter nach dem ABC geordnet ab.

3 Ordne die neuen Nomen nach ihrem Geschlecht hier ein:

der ... (3)	die ... (4)	das ... (4)

4 Unterstreiche die beiden Sätze des Textes, in denen je vier Lernwörter vorkommen, und schreibe sie ab.

5 In diese beiden Worttreppen kannst du acht Lernwörter eintragen.

	r				
				l	
			z		
				r	

					s		
					i		
		s					
	l						

6 Aus diesen Silben kannst du Lernwörter bilden. Sprich deutlich und schreibe nach zwei- und dreisilbigen Wörtern geordnet auf.

äu –	Aus –	Be –	Er –	dächt –	Dik –	folg –	Ge –	glän –	haup –	kunft –
ner –	nis –	nis –	Part –	ßern –	tat –	tung –	Ver –	zeich –	zen	

Wörter mit zwei Silben	Wörter mit drei Silben
äu - ßern	*Be - haup - tung*

7 Diesen Brief schrieb der Schriftsteller an einen Jungen:

Lieber Peter,
ich habe mich gefreut, dass du mir so nett geschrieben hast und dass dir mein Abenteuerbuch so gut gefallen hat. Ich möchte dich deshalb zu deinem nächsten Geburtstag mit einem Geschenk ...

Vergleiche die Anredepronomen in diesem Brief mit den Anredepronomen im Text „Ein besonderes Buch". Sprich mit deinem Partner über die unterschiedliche Schreibweise und suche eine Erklärung. Schlage auch im Wörterbuch nach.

8 Hier sind viele Zusammensetzungen möglich. Ergänze den Artikel.

9 Der Text enthält ein kurzes Gespräch. Was wörtlich gesprochen wird, steht zwischen Anführungszeichen.

a Schreibe die Sätze des Textes in der Reihenfolge ab, wie sie zu den folgenden Satzfiguren passen.

wörtliche Rede — Begleitsatz — wörtliche Rede

„~~~~~~~~~~", ____________, „~~~~~~~~~~."

____________: „~~~~~~~~~~~~~~~~~~~~?"

„~~~~~~~~~~~~~~~~~~~~!", ____________.

b Versuche jeden dieser Sätze auch so aufzuschreiben, dass er zu einer der anderen Satzfiguren passt.

c Stelle heraus, wo Punkt, Fragezeichen, Ausrufezeichen und Komma in der wörtlichen Rede stehen.

d Setze in den folgenden Sätzen die fehlenden Satzzeichen ein.

(1) Eine Ameise zeigte einem Hamster ihre Vorräte. (2) Dafür hast du den ganzen Sommer gearbeitet äußerte der Hamster abfällig. (3) Die Ameise fragte Ist dein Vorrat größer, als du ihn brauchst (4) Ich habe immer mehr als nötig behauptete der Hamster (5) Dann ist es richtig erwiderte die Ameise, dass die Menschen dir nachstellen.

10a Ergänze das dazugehörige Verb oder Nomen.

der	*die Regel*	*die Behauptung*	*das Verzeichnis*	
glänzen				*äußern*

b Schreibe diese Sätze ab. Sind die Wörter in den Klammern Verben oder Nomen?

(1) Das Wörterbuch (V/verzeichnet) die Schreibweise der Wörter unserer Sprache und auch die wichtigsten (R/regeln). (2) Er (B/behauptete) keinen einzigen Fehler gemacht zu haben. (3) Seine freche (Ä/äußerung) blieb allen lange im Gedächtnis. (4) Schon ein einziges Licht kann viel (G/glanz) verbreiten. (5) Er (Ä/äußerte) die Bitte, diese Angelegenheit für ihn zu (R/regeln).

11 Schreibe den Text der Nachschrift ab. Gehe wie bei Text 1 auf S. 4 vor. Achte auf die Zeichensetzung.

König Echnaton

Einer der interessantesten Könige der ägyptischen Geschichte ist der Pharao* Echnaton. Obwohl er als Sohn der Götter galt, befahl er seinem Volk, allein die Sonne als Gott zu verehren. Dagegen lehnten sich jedoch seine Priester auf. Er verließ daher seine Hauptstadt Theben und gründete eine neue Hauptstadt. Hier lebte er im Kreise seiner Anhänger und versuchte, mit viel Geduld und aller Macht seinen Glauben zu verbreiten.

Zeichen seiner Religion war der goldene Sonnenwagen. Echnaton konnte aber seine Idee, dass es nur einen einzigen Gott gibt, nicht durchsetzen. In seinem religiösen Eifer vergaß er, seine Feinde zu beachten. Sie drangen in das Land ein und eroberten seine Hauptstadt. Heute zeugen von Echnatons Leben zahlreiche kostbare Kunstschätze.

* ägyptischer König

---

1 Diese Wörter solltest du schon richtig schreiben können. Überprüfe es mit deinem Partner.

Geschichte	Eifer	Kunstschatz	Sohn	verehren	Anhänger
Zeichen	zahlreich	setzen	kostbar		

2 Die Pyramide enthält die neuen Lernwörter. Lies diese mehrmals laut vor und unterstreiche sie im Text. Vergleiche.

Kreis
Gold Macht
allein Geduld zeugen
befehlen Priester obwohl
gründen erobern Religion auflehnen
eindringen verbreiten Haupt interessant Idee

3 Schreibe alle Lernwörter auf, die mit einem „n" enden.

4 Schreibe die Nomen nach dem Abc geordnet mit dem Artikel auf.

5 Wie heißt das Wort mit „ss"? ______

6 Wie heißen diese Lernwörter?

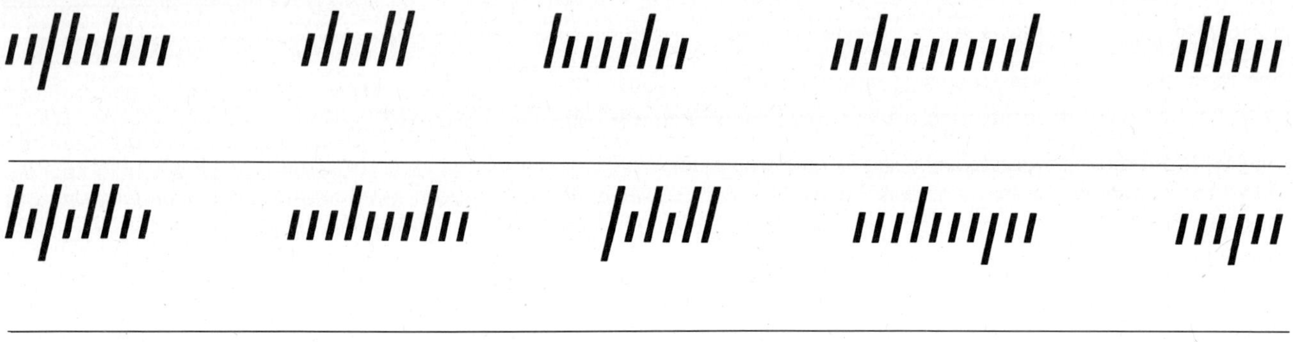

7 Fahre die Wörter mit einem Farbstift nach und schreibe sie noch einmal daneben:

Ägypten ____________________ *ägyptisch* ____________________

8 Hier sind zehn Lernwörter versteckt.

____

____

____

9 Erkennst du die sechs Lernwörter?

____

____

10 Zwei Wörter gehören zusammen. Lies die Wörter deutlich vor und begründe ihre Schreibweise.

l nen – die L ne
bef len – der Bef l
a nen – die nung
n ren – die N rung
b ren – der B rer
f ren – der F rer
m nen – die M nung
e ren – die Vere
w nen – die W nung
w len – die W l

Schreibe so in dein Heft: *zahlen – die Zahl*

11 Reimwörter! Ergänze und begründe die Schreibweise.

Fahne *Sehne* *stehlen* *rühren* *lahm*

____________________ ____________________ ____________________ ____________________ ____________________

12 Peter, Michaela und Uli vergleichen. Ordne richtig zu, lies die Sätze laut vor und schreibe sie in dein Heft.

Peter findet das Fußballspiel	am interessantesten
Michaela hält den gestrigen Fernsehfilm für	interessant
Uli sagt: Das Buch, das ich gerade lese, ist	interessanter

13 Schreibe die Nachschrift wie gewohnt in dein Heft ab.

Urlaubsziel Alpen

Das bayerische Alpenland gehört zu den beliebtesten Erholungsgebieten Deutschlands. Viele Reisebüros empfehlen ihren Kunden, dort Urlaub zu machen. Typische Ferienorte, z. B. Garmisch-Partenkirchen, zählen in ihren Hotels, Gaststätten und privaten Unterkünften jährlich etwa zwei Millionen Übernachtungen. Ein Aufenthalt hier enttäuscht kaum jemanden. – An schönen Tagen befördern die Bergbahnen Tausende auf Deutschlands höchsten Gebirgsgipfel, die Zugspitze. Von da kann man manchmal einen Rundblick bis zu 100 Kilometer weit genießen. Nicht wenige Urlauber nutzen die Möglichkeit, eines der berühmten Königsschlösser zu besichtigen. In den Ferien gerät man in Neuschwanstein oder Linderhof freilich oft in ein entsetzliches Gedränge, weil dann an einem einzigen Tag bis zu 10 000 Besucher kommen. – Regentage verbringen viele gemütlich in einem Wellenbad, was vor allem Kindern viel Vergnügen bereitet.

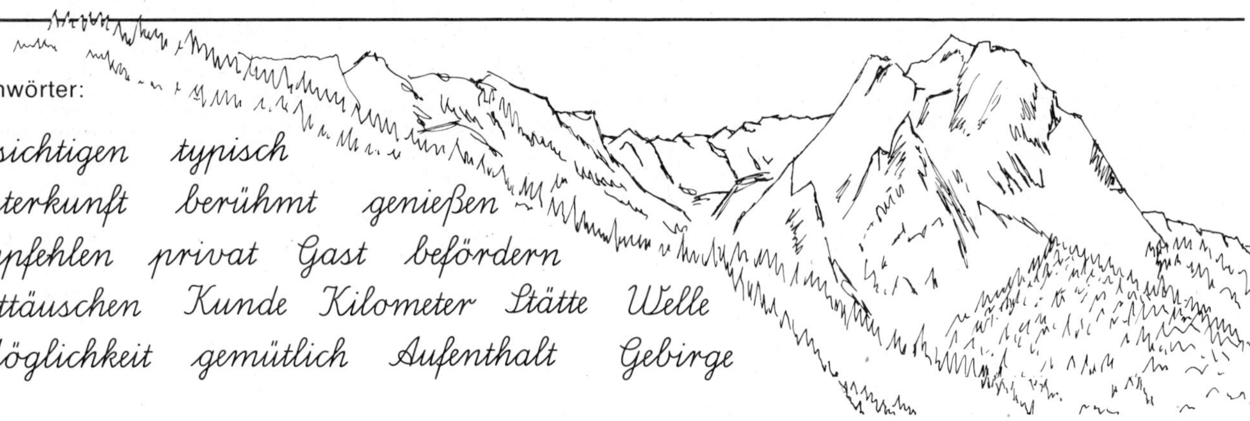

Lernwörter:

besichtigen typisch
Unterkunft berühmt genießen
empfehlen privat Gast befördern
enttäuschen Kunde Kilometer Stätte Welle
Möglichkeit gemütlich Aufenthalt Gebirge

1 Lies die Lernwörter deutlich. Suche sie im Text auf und unterstreiche sie. Sprich mit deinem Partner über die Form, in der sie dort vorkommen.
Vier Lernwörter findest du in zusammengesetzten Nomen. Schreibe sie hier auf.

2 Ordne die Lernwörter in eine solche Tabelle:

Nomen (9)	Verben (5)	Adjektive (4)

3 Welche Lernwörter bedeuten das Gegenteil?

begeistern	*sich ekeln*	*öffentlich*	*abraten*	*unbekannt*	*unbehaglich*

4 Welche Lernwörter passen in die Spalten? Das gleiche Wort kann in mehreren Spalten stehen.

Wörter mit einem Umlaut	Wörter mit drei Konsonanten hintereinander	Wörter mit einer Vorsilbe

5 Erkennst du, welche Lernwörter in die Wortrahmen gehören?

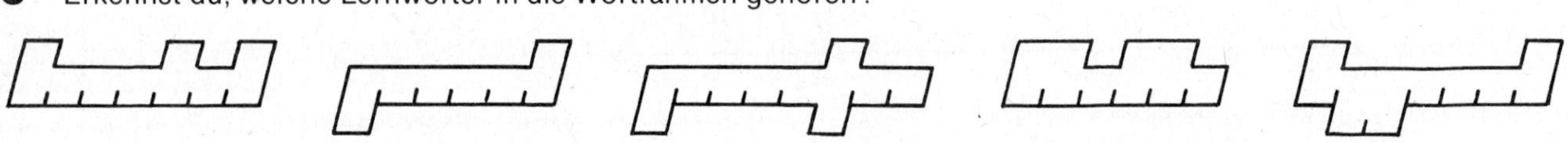

Stelle auch andere Lernwörter als Wortrahmen dar und lass sie von deinem Partner lösen.

6 Suche gemeinsam mit deinem Partner nach Wörtern im Text, die du schon früher gelernt hast. Unterstreiche sie und diktiert sie euch gegenseitig. Suche dir auf S. 49 Übungen für Wörter, bei denen du nicht mehr sicher bist.

7 Einige Lernwörter enthalten Buchstabengruppen, die auch in anderen Wörtern vorkommen. Schreibe sie auf.

gen, fl, g, spr – **ieß** – en, en, en, en	W, st, K, T – **ell** – e, en, er, er	G, f, K, L – **ast** – ___, en, en, en

8 Ergänze die fehlenden Silben. Schreibe die Lernwörter dann geordnet nach zwei- und dreisilbigen Wörtern ins Heft.

________ent________, pri________, ________de, be________, ________pisch

________schen, ________bir________, ________lich________,

________för________ ________len; ________te, ________nie________

9 Welche Wörter gehören zusammen? Sortiere sie in die Tabelle.

möglich genießen rühmen empfehlenswert Berühmtheit
Empfehlung Ruhm unmöglich Genuss Möglichkeit
ermöglichen empfehlen berühmt ungenießbar

Nomen	Verben	Adjektive
der Genuss	genießen	ungenießbar

Bildet Sätze mit diesen Wörtern.

10 Hier kannst du viele Wörter bilden.

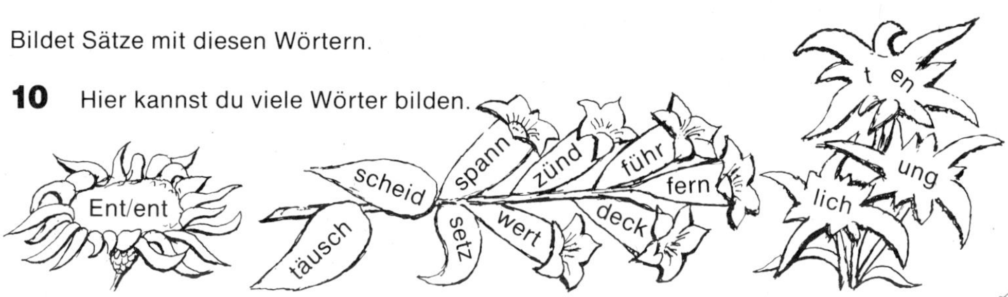

a Schreibe die Wörter in dein Heft, Nomen mit dem Artikel. Lass sie dir anschließend von deinem Partner diktieren.

b Unterstreiche die Wörter, die im Text vorkommen.

c Erkläre deinem Partner die Bedeutung der Vorsilbe „ent".

11 Setze die Verben im Präteritum ein.

empfahl	genossen	genoss	empfohlen

Herrn Müller wurde ein Urlaub im Gebirge ________________. Er ________________ den Aufenthalt dort sehr und ________________ allen Bekannten das Feriengebiet, in dem er sich so gut erholt hatte. Vor allem erzählte er immer wieder, wie sehr er die Wanderungen in den Bergen ________________ hatte.

Bilde auch andere Sätze mit dem Präteritum dieser Wörter.

12 Welche Lernwörter stecken in dem Pflanzenstiel?

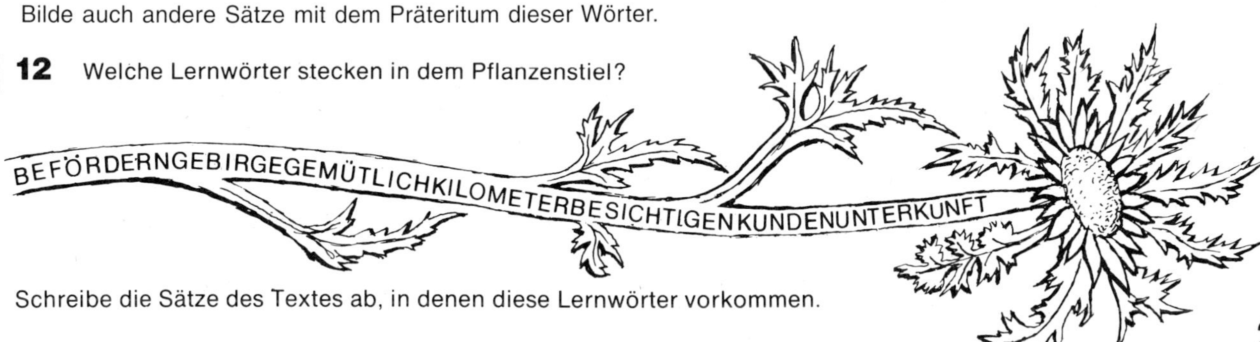

Schreibe die Sätze des Textes ab, in denen diese Lernwörter vorkommen.

Fische im Winter

Die etwa 20 000 verschiedenen Fischarten haben alle eine Eigenschaft gemeinsam, sie sind an das Leben im Wasser angepasst. Hunger und Fortpflanzungstrieb halten die Fische fast ständig aktiv. Im Winter jedoch verfallen die meisten Fische unserer Gewässer in einen Zustand, der dem Winterschlaf mancher Säugetiere oder Kriechtiere entspricht. Typisch dafür verhalten sich zum Beispiel die Karpfen. Sie wühlen sich in den Schlamm ein und fallen bei bestimmten Wassertemperaturen in einen solchen Winterschlaf. In dieser Ruhezeit bleibt die Tätigkeit der inneren Organe auf ein Mindestmaß beschränkt. Der Körper nährt sich vom eigenen Fett, das Herz schlägt deutlich langsamer. Es ist erstaunlich, was die Fische im Winter aushalten können. Sie überstehen diese Zeit selbst dann, wenn die Gewässer dick vereisen.

---

1 Diese Wörter kennst du bereits. Lass sie dir diktieren und vergleiche. Denke an deine Trainingsliste.

Fisch das Leben typisch nähren Fett
deutlich Fortpflanzungstrieb Kriechtier
Herz Ruhezeit Beispiel meist selbst
bestimmt verschieden Winter vereisen
Hunger

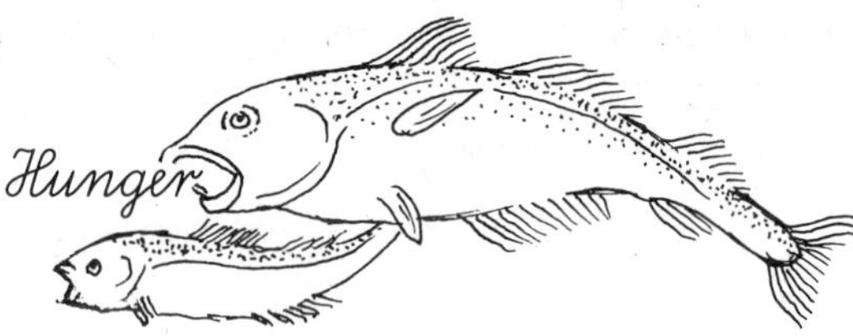

2 Lies die neuen Lernwörter mehrmals laut vor, unterstreiche sie im Text und vergleiche sie damit.

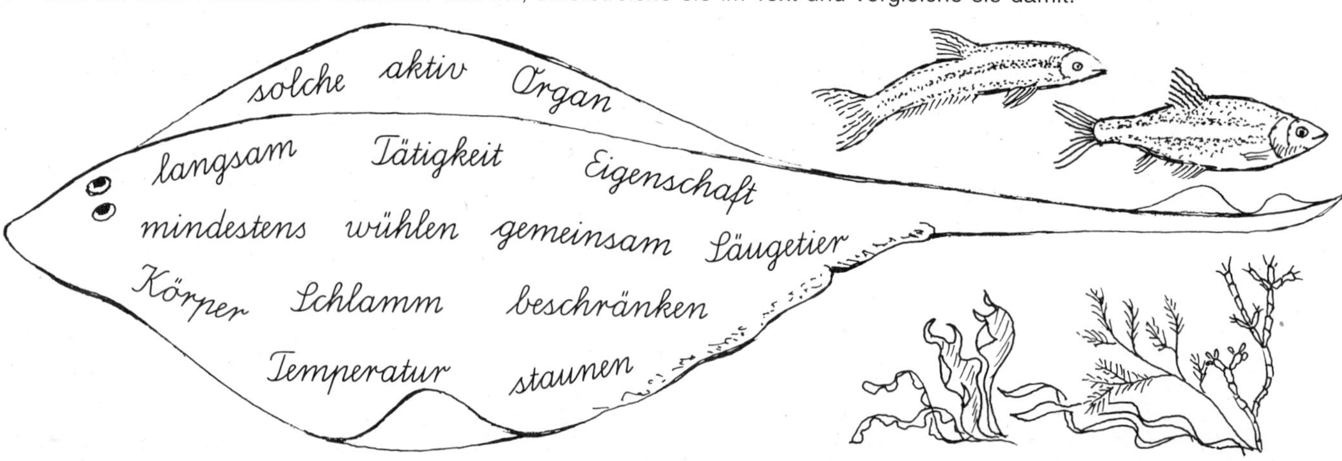

3 Fahre die neuen Lernwörter zweimal mit einem Farbstift nach.

4 Schreibe alle Lernwörter ab, in denen der Buchstabe „n“ öfter als einmal vorkommt.

____

5 Schreibe alle Lernwörter ab, die mit einem „m“ enden.

____

6 Schreibe alle Lernwörter ab, die mit einem „r“ enden.

____

7 Wie heißen die folgenden Lernwörter K = Konsonant, V = Vokal, U = Umlaut?

KUKVKKVVK   VKKVK   VVKVKKKKVKK   VKKVK   KUKKVK

______ ______ ______ ______ ______

8 Hier sind die Silben durcheinander geraten. Kannst du sie wieder richtig zusammensetzen? Es sind sechs Wörter.

Eigan *Temtig* *Körgen* *rakeitge*

Säuper *Orschaft* *Täpe* *tiertur*

9 Ein Silbenrätsel. Findest du die acht Lernwörter?

ak – be – che – des – ge – ken – lang – len – mein – min – nen – sam – sam
schrän – sol – stau – tens – tiv – wüh

10 Welcher Fisch wurde in der Geschichte genannt? *der* ________

11 Wörterversteck. Schreibe die 13 Lernwörter in dein Heft.

A	E	G	H	B	E	S	C	H	R	Ä	N	K	E	N	B	U	T
M	I	N	D	E	S	T	E	N	S	A	J	U	H	W	G	X	E
B	O	P	E	I	G	E	N	S	C	H	A	F	T	A	E	B	M
S	T	A	U	N	E	N	T	E	H	O	G	P	W	R	M	S	P
D	K	Ö	R	P	E	R	X	W	L	A	D	M	Ü	G	E	Z	E
S	Ä	U	G	E	T	I	E	R	A	K	O	T	H	N	I	K	R
N	E	A	J	C	K	M	S	A	M	T	Y	W	L	C	N	F	A
F	D	M	J	U	R	E	V	G	M	I	E	F	E	G	S	O	T
L	G	A	H	U	L	O	T	N	J	V	P	Z	N	S	A	B	U
T	Ä	T	I	G	K	E	I	T	L	A	N	G	S	A	M	Z	R

12 Diese Wörter haben jeweils etwas gemeinsam. Sprich sie und höre genau hin.

Schreibe die Wörter auf und unterstreiche, was sie gemeinsam haben.

13 Schreibe die Nachschrift wie gewohnt in dein Heft ab.

Freunde im Meer

Delphine sind die einzigen Meerestiere, die gerne die Nähe von Menschen suchen. Darüber werden erstaunliche Ereignisse erzählt. So sollen Delphine im Ozean Menschen vor dem Ertrinken gerettet haben, indem sie sie auf ihren kräftigen Körpern über Wasser hielten. Ferner wird berichtet, sie hätten Menschen vor Haien geschützt, indem sie sie in ihre Mitte nahmen und zum Ufer begleiteten.
Tierforscher halten Delphine für die klügsten Lebewesen neben den Menschen. In mancher Tierschau können Besucher bewundern, wozu die munteren Tiere fähig sind. Da klingt die Nachricht aus einem deutschen Zoo, ein Delphin sei ertrunken, zuerst ziemlich komisch. Aber Delphine sind normale Säugetiere. Weil sie durch die Lungen atmen, müssen sie alle drei bis vier Minuten aus dem Wasser auftauchen.

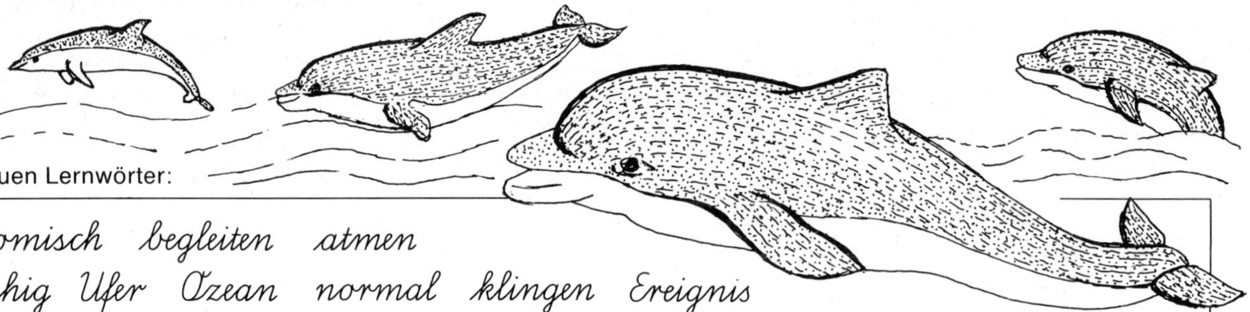

Die neuen Lernwörter:

komisch begleiten atmen
fähig Ufer Ozean normal klingen Ereignis
bewundern ziemlich kräftig zuerst Lunge munter Zoo forschen

1 Lies die Lernwörter deutlich und unterstreiche sie im Text. Ein Lernwort steckt in einem zusammengesetzten Nomen.

2 Schreibe die Lernwörter alphabetisch geordnet auf.

3 Trage hier die Lernwörter mit gleicher oder ähnlicher Bedeutung ein.

merkwürdig	*Tierpark*	*stark*	*mitgehen*	*bestaunen*	*gewöhnlich*

4 Schreibe den Satz ab, in dem fünf Lernwörter vorkommen.

5 In jedes Treppenrätsel kannst du fünf Lernwörter eintragen.

			r			
				g		
					l	
						g

						m		
								r
			l					
						i		
		g						

6 Erkennst du diese Lernwörter wieder? Sprich sie deutlich aus und schreibe sie vollständig auf.

rsch	*rm*	*äft*	*ml*	*ung*

7 Suche die richtigen Silben zusammen und schreibe die Lernwörter dann nach Silben getrennt auf.

at	Er	fä	ko
be	kräf	mun	for
be	zu	O	klin

ze
eig
wun
glei

men	an	ten	hig
dern	nis	tig	erst
ter	misch	schen	gen

Sprecht darüber, was ihr bei der Trennung dieser Wörter beachtet.

---

8 Mit welchen Vorsilben kannst du diese Verben zusammensetzen? Wer hat die meisten gefunden?

be, nach, er, ent, ver, auf, ein, aus

tauchen, atmen, schützen, forschen, wundern, gleiten, zählen, trinken, klingen

Lass dir diese Wörter von deinem Partner diktieren.

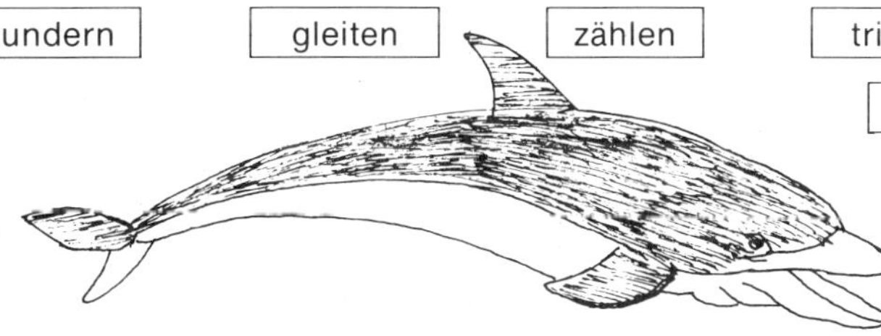

9 Hier kannst du häufig vorkommende Wörter mit „oo“ bilden. Schlage sie im Wörterbuch nach und suche nach Zusammensetzungen. Sprecht über ihre Bedeutung.

M, Z, B, M	oo	s, t, r

---

10 Bilde Sätze. Vergleiche das Präteritum mit dem Präsens.

Er – Viele Filme zeigen – Zuerst – Die Besucher des Zoos – Nach vielen Aufregungen – klang – begleitete – wie die Geheimnisse des Ozeans – bewunderten – atmete – seine Stimme – seine Tochter – sie immer – erforscht wurden – ziemlich kräftig – die munteren Delphine – etwas komisch – in den Zoo

11 In den folgenden Sätzen werden sechs Verben als Nomen gebraucht und großgeschrieben. Stellt sie heraus und schreibt die Sätze richtig ab.

(1) JE HÖHER MAN IM GEBIRGE STEIGT, DESTO SCHWERER FÄLLT DAS ATMEN. (2) FÜR MANCHEN IST DAS ERFORSCHEN DES LEBENS VON TIEREN EINE WICHTIGE AUFGABE. (3) DAS VERWUNDERN ÜBER DAS KOMISCHE EREIGNIS NAHM FAST KEIN ENDE MEHR. (4) VIELE LEUTE UNTERNEHMEN AUS ANGST VOR DEM ERTRINKEN KEINE SCHIFFSREISE. (5) NACH DEM VERKLINGEN DER LETZTEN TÖNE ERHIELTEN DIE MUSIKER VIEL BEIFALL. (6) EIN AUSGLEITEN AUF BLANKEM EIS IST GANZ NORMAL.

12 Unterstreiche die Wörter im Text, die du schon früher gelernt hast. Lass sie dir diktieren. Trage „Fehlerwörter“ in deine Trainingsliste ein.

13 Schreibe den Text der Nachschrift ganz ab. Halte dich beim Abschreiben an diese Hinweise:
- Einteilung der Sätze in Wortgruppen.
- Halblaut lesen, dann schreiben.
- Gut lesbar schreiben.
- Alles Geschriebene sofort überprüfen.

Schutz unserer Umwelt

Täglich erfahren wir von Schäden in unserer Umwelt. Die Zeitungen berichten regelmäßig über die Verschmutzung der Luft und der Gewässer durch die Industrie. Heftig verurteilen Naturschützer die Ausweitung des Straßennetzes, den Bau neuer Seilbahnen und die Erschließung von immer mehr Skiabfahrten. Viele Menschen beobachten besorgt die allmähliche Zerstörung der Landschaft. Am meisten gefährdet sind die Nadelbäume unserer Heimat, vor allem Tannen und Fichten. Von verschiedenen Seiten werden daher für die Zukunft wirksame Maßnahmen gefordert. Noch werden weitgehende Lösungen vermisst, doch versuchen Regierungen, durch Verordnungen den bereits deutlich sichtbaren Schäden zu begegnen. Viel Geld wird für die Erforschung der Ursachen ausgegeben. Durch vernünftiges Verhalten kann aber auch jeder Einzelne einen Beitrag leisten, unsere Umwelt zu schonen.

Lernwörter:

allmählich Industrie leisten Fichte
Lösung heftig wirksam Tanne
urteilen Nadel Schaden schonen
sichtbar Seil vermissen Zukunft vernünftig

1 Lies die Lernwörter und sprich sie dabei deutlich aus. Suche sie im Text auf und unterstreiche sie. Kläre mit deinem Partner, bei welchen Wörtern deutliches Sprechen hilft, sie richtig zu schreiben.

2 Ordne die Lernwörter nach der Zahl ihrer Silben:

Wörter mit 1 Silbe (1)	Wörter mit 2 Silben (11)	Wörter mit 3 Silben (5)

3 Schreibe Lernwörter hier so auf:

mit 7 Buchstaben: ______

mit 9 Buchstaben: ______

mit 10 Buchstaben: ______

4 Schreibe die drei Sätze ab, in denen drei oder vier Lernwörter vorkommen.

5 Welche acht Lernwörter entdeckst du in dem Wörterband? Ordne sie nach dem Alphabet.

Industrieurteilenseilschadennadelleistenallmählichtanne

______

______

6 Prüfe, ob du die Wörter des Textes noch sicher schreiben kannst, die du schon früher gelernt hast.

7 Ergänze die fehlenden Silben und schreibe die Wörter dann getrennt in dein Heft.

	ne	
	bar	
	nünf	
Zu		
	mis	
	dus	
	ten	
hef		
	sam	
		len

8 Die Buchstaben von fünf Lernwörtern sind durcheinander gepurzelt. Baue sie richtig auf und sprich sie dabei.

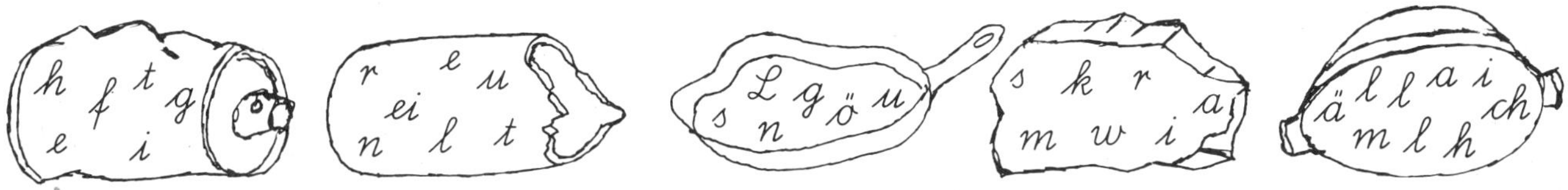

Verwandle selbst andere Lernwörter in Purzelwörter und lass sie von deinem Partner lösen.

9 Hier kannst du zusammengesetzte Wörter bilden. Schreibe sie mit ihrem Geschlechtswort (Artikel) in Einzahl und Mehrzahl auf. Verwende sie in sinnvollen Sätzen.

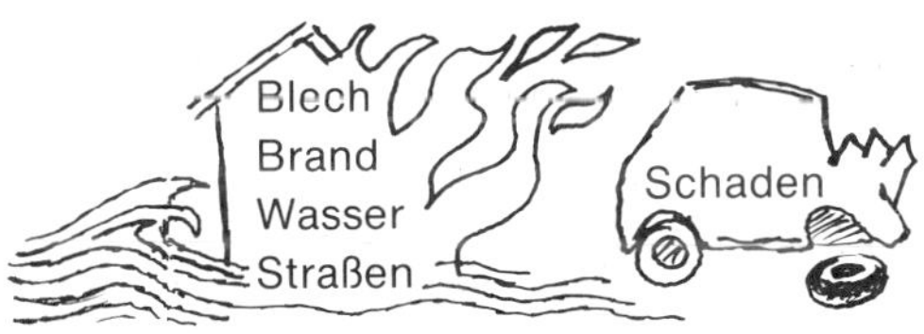

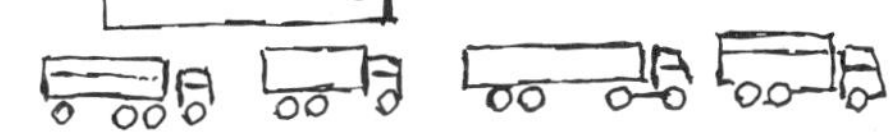

10 Welche sieben Wörter des Textes enthalten die Vorsilbe ver ?

Suche im Text nach weiteren Verben, zu denen die Vorsilbe „ver“ passt. Sprich mit deinem Partner darüber, welche sich in Nomen verwandeln lassen, und schreibe sie auf:

verschmutzen – die Verschmutzung, ...

11 Sprich die folgenden Wörter laut und deutlich. Achte dabei auf den Vokal und auf den Doppellaut vor **ss / ß** und prüfe, wann es **ss** und wann man **ß** schreibt. Schreibe die Wörter in dein Heft ab.

Gewässer	mäßig	Grieß
hassen	Straße	Spieß
fressen	Stoß	Fleiß
müssen	Gruß	außen

12 Bilde das Präteritum der Verben. Ergänze:

vermissen	– ich ...	fassen	– ich ...
pressen	– er ...	müssen	– wir ...
fließen	– es ...	schließen	– er ...
schießen	– du ...	beißen	– ich ...
essen	– wir ...	fressen	– es ...
vergessen	– ich ...	messen	– sie ...

13 Welche Wörter gehören zusammen?

beschädigen lösen besichtigen
Sicht wirken lösbar löslich
Wirkung schädlich

– Schaden: ____________________

– sichtbar: ____________________

– Lösung: ____________________

– wirksam: ____________________

14 Schreibe den Text der Nachschrift ganz ab. Die Hinweise auf S. 25, Aufgabe 13 helfen dir.

Immer weniger Bauern

In den verschiedenen Gebieten der Bundesrepublik Deutschland werden jährlich große Mengen Weizen und Wein, Milch und Käse, Rindfleisch und Schweinefleisch erzeugt. Dennoch klagen die Landwirte über große Probleme, denn andere Länder Europas liefern die gleichen Erzeugnisse billiger. Dies entscheidet nicht selten das Schicksal kleinerer Betriebe. Selbst tüchtige Landwirte sehen sich gezwungen, ihren Hof aufzugeben. Ihre Betriebe werfen so wenig Gewinn ab, dass sich Anstrengungen und Mühen nicht lohnen. Vor allem den Bergbauern erscheint es verlockender, ein Einkommen in der Industrie zu suchen, als sich auf den wenig fruchtbaren Böden ihrer Heimat abzuquälen.
Die Regierungen versuchen, diese Entwicklung zu bremsen, weil die Landwirte nicht nur für unsere Ernährung wichtig sind. Ohne sie würde sich das Bild unserer Landschaft bald deutlich ändern.

Lernwörter:

locken Erzeugnis Schwein klagen Anstrengung
Weizen Käse entscheiden Hof Mühe fruchtbar
Schicksal zwingen tüchtig Problem Rind Wein

1 Lies die Lernwörter deutlich. Suche sie im Text und unterstreiche sie. Stelle alle Wörter heraus, bei denen deutliches Sprechen hilft, sie richtig zu schreiben.

2 Ordne die Lernwörter nach Wortarten.

Nomen	Verben	Adjektive

3 Schreibe Lernwörter auch so ab:

mit zwei Konsonanten hintereinander	mit drei Konsonanten hintereinander	mit vier oder mehr Konsonanten hintereinander

4 Findest du heraus, welche Lernwörter in die Rätsel gehören?

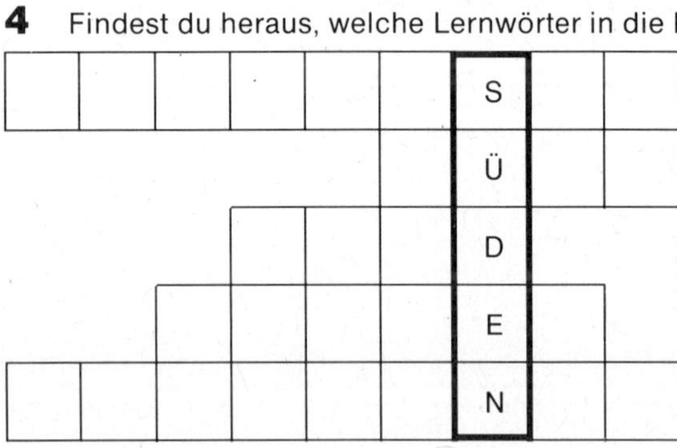

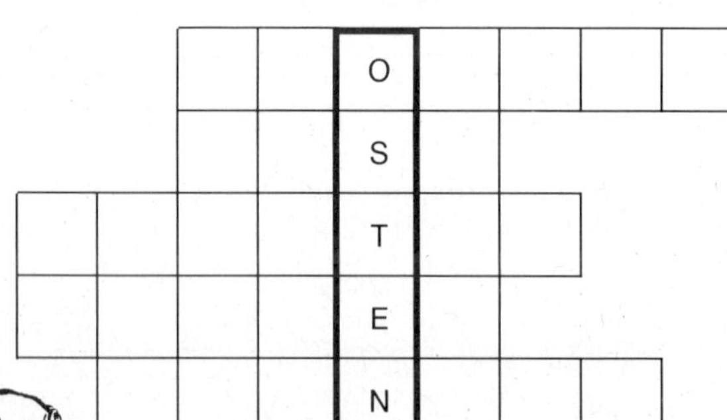

5 Welche Lernwörter passen in die Wortrahmen?

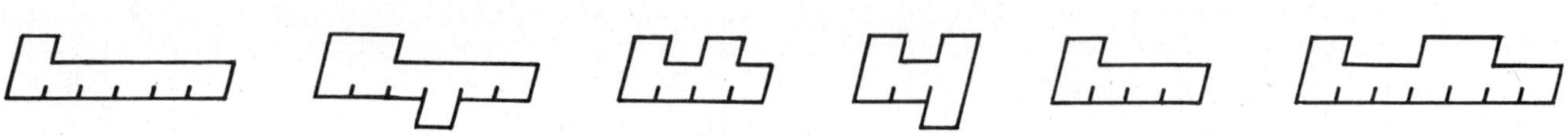

Stelle auch andere Lernwörter als Wortrahmen dar und lass sie von deinem Partner lösen.

6 Einige Lernwörter enthalten Buchstabengruppen, die in mehreren Wörtern vorkommen. Sprich diese Wörter deutlich und schreibe sie auf.

Diktiert euch diese Wörter gegenseitig.
Sucht im Verzeichnis S. 50ff., ob ihr noch andere Wörter mit diesen Buchstabengruppen findet.

7 Mehrere Lernwörter kannst du in Nomen oder in Verben verwandeln. Ergänze.

die Anstrengung		das Erzeugnis		der
sich	entscheiden		klagen	zwingen

8 Bei „entscheiden" und „zwingen" ändert sich im Präteritum der Vokal.
Bildet Sätze und klärt die verschiedenen Formen.

Ein geringes Einkommen	haben sich entschieden,	manchen, den Hof aufzugeben
Große Probleme	zwang	die Landwirte zu unterstützen
Die Regierung	entschied sich,	gemeinsam Lösungen zu suchen
Viele Bauern	zwingen dazu,	ihren Beruf zu wechseln
	wurden gezwungen,	moderne Maschinen anzuschaffen

9 Im Text kommen Wörter mit „ie" vor. Ordne sie den Buchstabengruppen zu und suche im Wörterbuch je drei weitere Wörter. Sprich diese Wörter deutlich und erkläre, welche Besonderheit sie enthalten.

ieb ______________________________

iet ______________________________

ief ______________________________

ied ______________________________

ier ______________________________

10 In einem Satz des Textes sind Kommas gesetzt, weil aufgezählt wird. Schreibe diesen Satz hier auf.

____

____

a Sprich mit deinem Partner darüber, wo die Kommas stehen.

b Bilde weitere Sätze mit Aufzählungen. Schreibe sie sorgfältig ab und achte auf die Zeichensetzung.

Rinder Pferde und Schweine Hammer Zange und Säge Milch Käse Butter und Fleisch Schrank Tisch und Stuhl Weizen Gerste Hafer und Roggen	bezeichnet man	als Nutztiere als Werkzeuge als Nahrungsmittel als Möbel als Getreide

11 Diese Wörter des Textes müssten dir aus früheren Schuljahren bekannt sein:

Menge Milch Land liefern gewinnen Lohn suchen quälen wichtig Bild ändern Fleisch gleich Boden deutlich sehen billig

Diktiert euch diese Wörter gegenseitig. Trage „Fehlerwörter" in deine Trainingsliste ein und übe sie.

Die Kreuzotter

Die Kreuzotter ist die einzige Giftschlange unserer Heimat. Sie wird häufig für sehr gefährlich gehalten, doch ist sie ein ungewöhnlich scheues Nachttier, das sich eher bequem und faul als reizbar zeigt. Auch in der Freiheit führt die Kreuzotter ein fast so bewegungsarmes Leben wie die Schlangen im Tierpark. Man bekommt sie selten zu sehen, da sie bei jeder Erschütterung des Bodens sofort in ihr Versteck flieht. Spaziergänger haben schon erlebt, dass die Schlange vor ihnen die Flucht ergriff. Sie beißt nur, um ihr Gebiet zu verteidigen, um Beute zu machen oder wenn sie sich direkt bedroht fühlt. Dabei spritzt sie aus den Giftzähnen in ihrem Oberkiefer ein tödliches Gift in die Wunde.

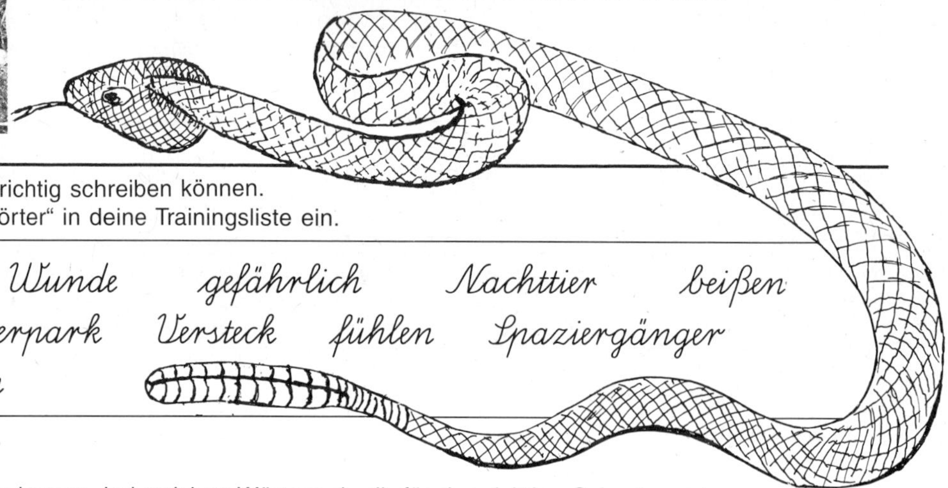

1 Diese Wörter solltest du bereits richtig schreiben können.
Lass sie dir diktieren. Trage „Fehlerwörter" in deine Trainingsliste ein.

Heimat Zahn Wunde gefährlich Nachttier beißen erleben führen Tierpark Versteck fühlen Spaziergänger bedrohen spritzen

2 Lies die neuen Lernwörter. Stelle heraus, bei welchen Wörtern du dir für das richtige Schreiben etwas merken musst.

arm scheu faul direkt erschüttern Beute
Gift verteidigen frei fliehen tödlich
reizen eher gewöhnlich Schlange
Kiefer

3 Fahre die Lernwörter farbig nach und unterstreiche sie dann im Text. Vergleiche die unterstrichenen und die nachgefahrenen Lernwörter miteinander.

4 Fünf Lernwörter kann man nicht trennen. Schreibe sie auf.

____

5 Wie heißt das zusammengesetzte Nomen im Text, das aus zwei Lernwörtern besteht?

____

6 Schreibe den Satz ab, in dem fünf Lernwörter stehen.

____

____

7 Viele Lücken. Ergänze mit den richtigen Lernwörtern.

. . . t . . . . , . . . f . . , ... i . . , ... e, d . . . . . . ,
f . . . . . . , . r . . . . r .

8 In der Wörterschlange findest du sechs Lernwörter.

9 Geheimschrift.

10 Welches Lernwort hat zwei Artikel? Erkläre die unterschiedliche Bedeutung mit Hilfe des Wörterbuches.

der ______________________ *die* ______________________

11 Wie heißt die einzige Giftschlange unserer Heimat? ______________________

12 Hier fehlen Silben. Schreibe die Lernwörter in dein Heft.

er … tern, ge … lich, … hen,
… te, … zen, di … , … tei … gen, … lich,
… ge, … fer

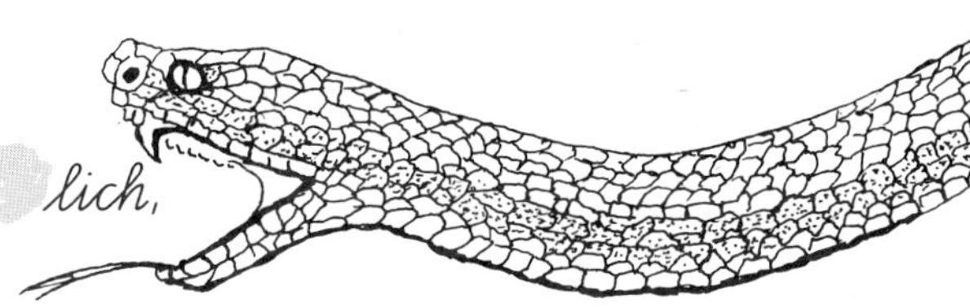

13 Die Nachsilbe „-ung" macht aus Verben Nomen.

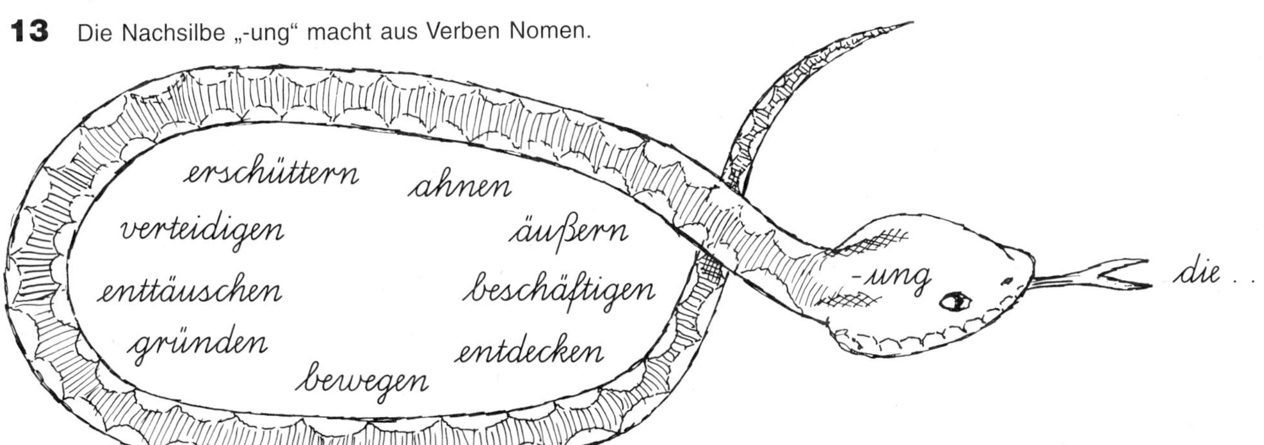

Schreibe so: krümmen – die Krümmung

14 Schreibe die Nachschrift wie gewohnt in dein Heft ab.

Vom Felsblock zum Kieselstein

Im Gebirge dringt Wasser in die kleinsten Spalten und Risse des Gesteins ein. Wenn es gefriert, dehnt es sich aus und sprengt den Fels. Riesige Felsblöcke brechen so krachend auseinander. Im ständigen Wechsel von Gefrieren und Tauen zerkleinert das Wasser langsam das Gestein.

Aber auch Pflanzen können mit der Kraft ihrer Wurzeln zusätzlich dazu beitragen, dass ein Felsstück abgesprengt wird. Zur Zeit der Schneeschmelze wälzen die Wassermassen die Felsbrocken ins Tal. Die Steine reiben sich dabei ständig aneinander. Manche werden flach und glatt, andere rund. Aber es dauert sehr lange, bis sie diese Formen bekommen. Aus dem festen Gestein wird so zuerst grobes Geröll und schließlich feiner Kies.

1 Diese Wörter sind dir bekannt. Lass sie dir diktieren.
Prüfe bei Fehlern, wie du dir hättest helfen können (siehe S. 49 Nr. 1).

eindringen ständig frieren langsam Kraft Gebirge
Geröll glatt der Wechsel Block dauern schließlich
ständig Risse die Pflanzen

2 Die neuen Lernwörter. Lies sie laut vor, unterstreiche sie im Text und vergleiche sie.

andere reiben Spalte Masse dehnen Tal zusätzlich
auseinander Kies tauen wälzen Form Fels krachen
schmelzen Wurzel sprengen riesig

3 Ordne die Lernwörter der Länge nach.

3 Buchstaben	4 Buchstaben	5 Buchstaben	6 Buchstaben	mehr als 6 Buchstaben

4 Schreibe alle Lernwörter ab, die man nicht trennen kann.

____

5 Schreibe die Lernwörter auf, in denen folgende Buchstabengruppen vorkommen:

- *nd* - ____________ ____________ - *lt* - ____________
- *lz* - ____________ ____________ - *rz* - ____________
- *ie* - ____________ ____________ - *tz* - ____________

6 Erkennst du die Lernwörter noch?

r   en   *d   nen*   *kr   en*   *sp   en*   *M   e*   *t   en*

______ ______ ______ ______ ______ ______

7 Silbenrätsel. Male die zusammengehörenden Kästchen farbig aus und schreibe die Lernwörter auf.

aus	zu	ein	de	an	se
schmel	der	nen	spren	lich	re
an	gen	sätz	deh	zen	Mas

____

____

8 Schreibe die trennbaren Lernwörter, die im Silbenrätsel in Aufgabe 7 nicht vorkommen, so auf:

kra – chen, ______________________________

____

9 Gitterrätsel. Kannst du die acht Lernwörter richtig zusammensetzen? Benutze in jeder Reihe die angekreuzten Buchstaben.

	A	C	D	E	F	G	H	I	L	M	N	O	P	R	S	T	U	W	Z
(1)	X			X						X					XX				
(2)				X		X		XX						X	X				
(3)	X	X					X	X	X						X	X	X		XX
(4)				X					X					X			X	X	X
(5)					X					X		X		X					
(6)			X	XX			X				XX								
(7)	XX		X	XX				X			XX			X	X		X		
(8)	X			X					X				X		X	X			

10 Aus Verben werden Nomen. Setze den richtigen Buchstaben ein.
Beachte: tauen – das Tauen, wechseln – der Wechsel

(1) Das Eis (t/T) ___*aut* langsam auf. (2) Der Autofahrer (W/w) ___*echselt* die Spur. (3) Peter bedauert das (T/t) ___*auen* des Eises. (4) Der rasche (W/w) ___*echsel* von warmem und kaltem Wetter ist ungesund. (5) Das (M/m) ___*itbringen* von Hunden ist untersagt. (6) Das (B/b) ___*etreten* des Rasens ist verboten. (7) Ohne Mütze (F/f) ___*riert* Evi sehr schnell. (8) (F/f) ___*rieren* und (Z/z) ___*ittern* gehören bei Evi zusammen.

11 Schreibe die Nachschrift wie gewohnt in dein Heft ab.

Liebe Petra!

Letzten Dienstag habe ich bei einem Fahrradwettbewerb den dritten Platz belegt. Unser Verkehrslehrer hatte absichtlich ein tolles, aber schwieriges Programm zusammengestellt. Auf einer überwachten Strecke mussten wir folgende Übungen durchführen:

Aus einer engen Gasse heraus starten, um scharfe Kurven flitzen, bei bestimmten Anlässen klingeln, bremsen, ohne zu schleudern, und so lenken, dass eine schmale Spur gehalten wurde. Besonders schwierig war es, mit fliegendem Start die Geschwindigkeit so zu wählen, dass man nach zwanzig Metern zum Stehen kam, ohne noch einmal treten oder bremsen zu müssen. Diese Übung ist mir leider völlig misslungen. Natürlich bin ich etwas enttäuscht darüber. – Auf einem Film und vielen Fotos konnten wir später unsere Fehler sehen.

Viele Grüße

Ulrike

1 Prüfe mit deinem Nachbarn, ob du diese Wörter richtig schreiben kannst.

Fahrrad wetten Verkehrslehrer schwierig zusammenstellen
durchführen Gasse fliegen wählen stehen treten
bremsen völlig enttäuschen Fehler

Trage Wörter, bei denen du nicht mehr sicher bist, in deine Trainingsliste ein.

2 Die neuen Lernwörter. Sprich sie laut und deutlich, unterstreiche sie im Text und vergleiche sie.

absichtlich Film Foto Geschwindigkeit bewerben
flitzen bestimmt Spur misslingen klingeln
Kurve lenken Dienstag Programm toll
schleudern starten überwachen

3 Ordne die Lernwörter alphabetisch und setze vor Nomen den Artikel.

4 Wie heißen die Wörter aus Aufgabe 1 und 2 mit doppeltem Konsonanten? Sprich sie beim Aufschreiben mit.

– tt –	– ll –	– mm –	– ss –

5 Schreibe die Lernwörter mit einem „sch“ auf.

6 Schreibe alle Lernwörter mit „st“ auf.

7 Wie heißen diese Lernwörter?

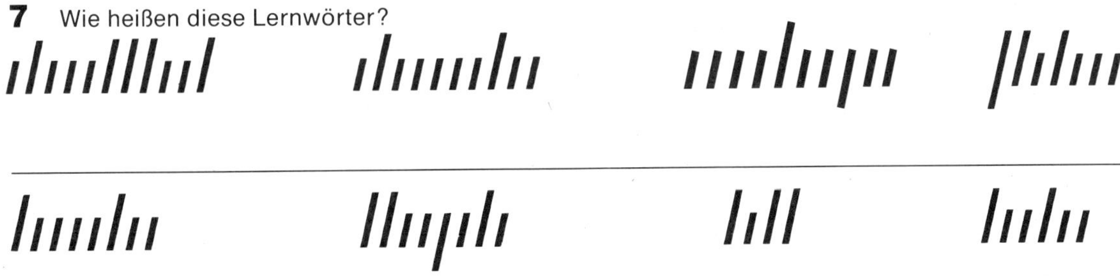

8 Kannst du das Pyramidenrätsel lösen?

Pro					
ab	lin				
flit	schleu	lich			
klin	wa	len	zen		
Kur	gen	ve	ken	chen	
miss	dern	über	sicht	geln	gramm

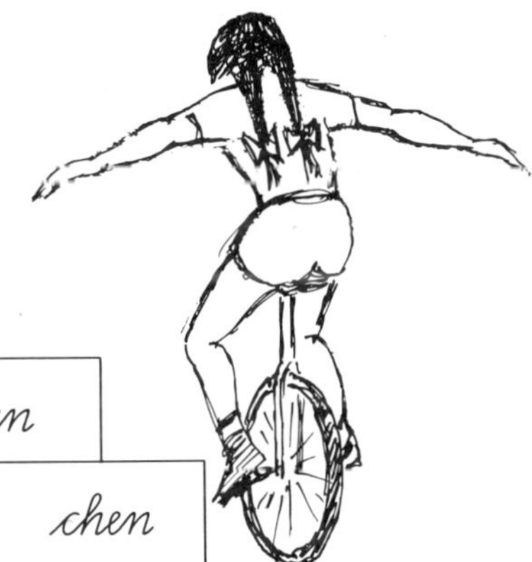

9 Der Computer hat Unsinnwörter geliefert. Wie müssen sie richtig heißen?

Diensben *Gebekeit* *schwinwerten* *stardig* *betagstimmt*

10 Geheimschrift. (▬ = Vokal / ● = Konsonant)

● ▬ ● ●   ● ● ▬ ●   ● ▬ ● ▬   ● ▬ ● ●

11 Buchstabensalat. Baue die Lernwörter auf und sprich sie deutlich.

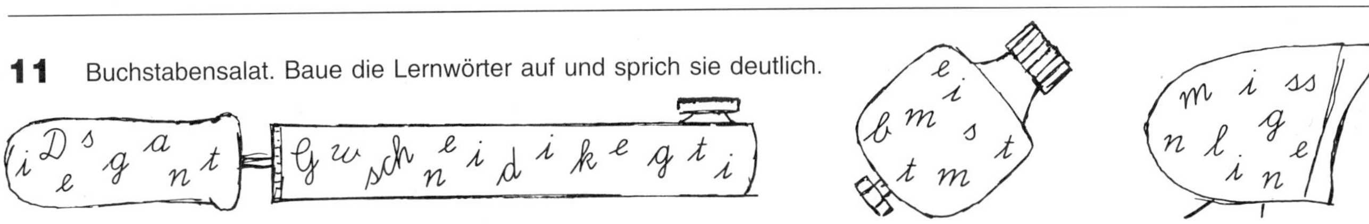

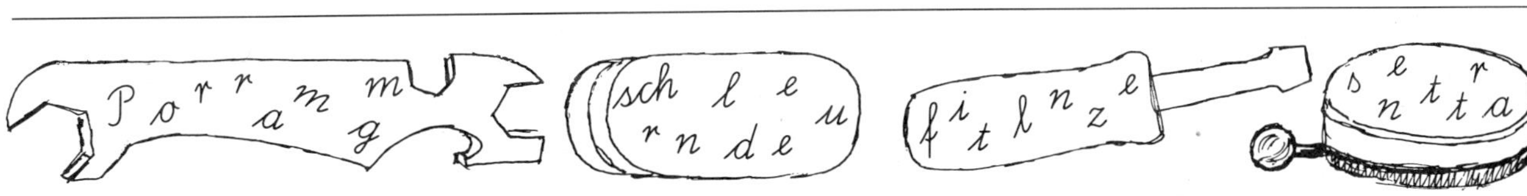

12 Was bedeutet die Vorsilbe „miss-"? Bilde Wörter und erkläre sie.

miss → [ ]

- lingen
- mutig
- trauen
- verständlich
- verstehen

13 Schreibe den Text der Nachschrift in dein Heft. Beachte wie immer die Hinweise, die du dazu bekommen hast.

A . . D E . . . I J . . M . . . . R S . . V . X . Z

Nachschlagen im Wörterbuch

Wörter, über deren Schreibung du dir nicht sicher bist, kannst du in einem Wörterbuch nachschlagen. Der kurze Abschnitt aus einem Wörterbuch für die Klassen 5–10 zeigt dir, dass du im Alphabet sicher sein musst, wenn du Wörter rasch auffinden willst.

A B C D E F G H I J K L **M**

Metronom 216 **Milde**

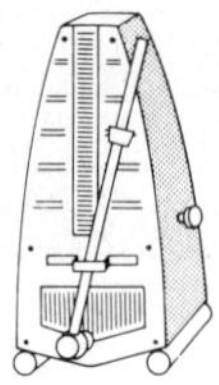

Metronom das [*griech.*]: Taktmesser
Metropole die [*griech.*]: Hauptstadt, Zentrum
Metrum das [*lat.*]: Versmaß
Mett das [des Metts]: gehacktes Fleisch
Mette die: Gottesdienst in der Nacht
Mettwurst die
Metzelei die
metzeln: schlachten, massenweise umbringen
Metzger der
Metzgerei die
Meuchelmord der: heim-

Mieter der
Mietwohnung die
Migräne die [*griech.*]: heftige Kopfschmerzen
mikro- [*griech.*]: *in Zusammensetzungen* klein
Mikrobe die [*griech.*]: Einzeller, kleinstes Lebewesen
Mikrobiologie die
Mikrofilm der: Kleinstfilm zur Registratur von Akten, Verzeichnissen u. ä.
Mikrofon/Mikrophon das: Gerät zur Schallumwandlung und -übertragung

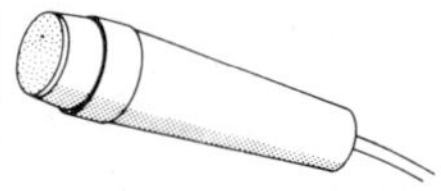

Mikroskop das [*griech.*]: Vergrößerungsgerät

mildern 217

mildern: mildernde Umstände
Milderung die: für morgen ist Milderung (Anstieg der Temperaturen) zu erwarten
mildtätig
Milieu das [*franz.*, miliø, des Milieus, die Milieus]: Umgebung, Lebensraum
militant [*lat.*]: militante (aggressive, zum bewaffneten Kampf bereite) Gruppen
Militär das [*franz.*]: Heer, Wehrmacht
Militärdiktatur die
militärisch
Militarismus der: politische Richtung, die dem Militär großen Einfluss einräumt
Military die [*engl.*, mılıtərı, die Militarys]: Vielseitigkeitsprüfung beim Reitsport
Miliz die [*lat.*, die Milizen]: kurz ausgebildete Truppe, Bürgerwehr
Mille das [*lat.*]: Tausend; *in Zusammensetzungen auch:* Milli
Milliardär der
Milliarde die: tausend Millionen
Millibar das: Maßeinheit für das

1 Setze in die ABC-Reihen am Rand die fehlenden Buchstaben ein.

2 Ordne die folgenden Buchstaben in der Reihenfolge des Alphabets.

k	u	l	x	a	z	b

o	f	p	h	s	g	v

3 Trage die Buchstaben ein, die im Alphabet vor und nach den genannten stehen.

		e	

	h	

		f

	s		

	m			p

			w

	n	p	

	k	

	i		

	x		

4 Ordne diese Wörter in jeder Zeile richtig ein. Kreuze rechts an, ob der erste oder zweite Buchstabe die Reihenfolge bestimmt.

					1	2
Bürste, Messer, Fenster			Geige			
Zelt, Nagel, Salat		Post				
Tonne, Tafel, Tulpe		Teig				
Rad, Insel, Quelle	Hof					
Heft, Himmel, Hand				Hund		
finden, Fenster, folgen, Farbe						
dünn, Lied, Ecke, Chor						

5 Berichtige die Reihenfolge der untereinander stehenden Wörter.

Leiter ________ Messer ________ Kasten ________

Leim ________ merken ________ Kahn ________

leise ________ Mehl ________ Kanne ________

Leine ________ melden ________ Kaffee ________

Welcher Buchstabe bestimmt hier die Reihenfolge? Unterstreiche ihn.

6 Lies den Wörterbuchausschnitt. Sprich mit deinem Partner darüber, wodurch hier die Reihenfolge der Buchstaben bestimmt ist. Schreibe zwei Beispiele heraus, in denen der 3. Buchstabe über die Reihenfolge entscheidet.

________ ________

A . C D E . . . . J . . . N . P . . . . U V . . Y Z

a . . . e . . h . . . . m n . . . r s . . . w x . z

. b . . e f g . . . . l . . p . s t . . . . y z

Wörter rasch finden

Du brauchst in deinem Wörterbuch nicht lange herumzublättern, wenn du einschätzen kannst, wo das gesuchte Wort steht. Es hilft dir, wenn du die Buchstaben des Alphabets in Gruppen einteilst.

a b c d e f g h	i j k l m n o p	q r s t u v w x y z
1. Gruppe von S. ______ bis S. ______	2. Gruppe von S. ______ bis S. ______	3. Gruppe von S. ______ bis S. ______
Schlüsselseiten meines Wörterbuchs		

1 So gehst du beim Nachschlagen eines Wortes am besten vor: Lotterie

⇨ Zuerst „greife" ich die 2. Buchstabengruppe. ⇨ Ich suche den Buchstaben „L". ⇨ Ich suche das Wort …

2 Entscheide bei den folgenden Wörtern, ob du sie im ersten, zweiten oder im letzten Teil deines Wörterbuches findest.

	1	2	3		1	2	3		1	2	3		1	2	3
Garage				Pinzette				Wimper				Grat			
Station				Schiefer				Gaststätte				Zither			
Lorbeer				Rosine				Phantasie				Regierung			
Humor				Orkan				Krater				Handel			
Kiosk				schweißen				Residenz				Jubel			

3 Wo stehen die folgenden Wörter in deinem Wörterbuch? Schlage nach und gib an, wie lange du gebraucht hast.

Wort	Seite	Zeit	Wort	Seite	Zeit
krächzen	______	______ Sekunden	trivial	______	______ Sekunden
Salto	______	______	Mumie	______	______
enorm	______	______	Gelenk	______	______
Interview	______	______	Heimat	______	______

Stellt euch auch gegenseitig Aufgaben in dieser Form.

4 Du findest am oberen Rand jeder Wörterbuchseite zwei **Leitwörter**. Sie nennen das ______________ Wort und das ______________ Wort jeder Seite.

a Hier sind dir die **Leitwörter** von drei Seiten eines Wörterbuches angegeben:

Lehm ① Lektor | Lektüre ② Lid | lieb ③ Lippenstift

Gib an, bei welchen **Leitwörtern** du die folgenden Wörter findest.

Lepra ______	leicht ______	Lineal ______	lernen ______	Leiter ______	Leuchte ______
Libelle ______	links ______	Lichtung ______	Lehre ______	Lexikon ______	Lilie ______

b Unterstreiche rot, welche der folgenden Wörter du zwischen diesen Leitwörtern findest.

heißen ① Herbst

heizen, heilen, herzhaft, Heller, Helm, Herz, Hefe, Hektar, helfen, heiß, Held, herrschen

c Erkläre deinem Partner, welche Hilfe **Leitwörter** geben.

Auskünfte des Wörterbuches

Ein Wörterbuch gibt dir nicht nur über die richtige Schreibweise von Wörtern Auskunft, sondern es enthält auch noch andere Angaben. Einige davon sind durch Symbole und Abkürzungen angezeigt, z. B.: [lat], |, –, -es, ...

2. Fall	|Trennung	[ ] Aussprache	Mehrzahl	– Betonung	Geschlecht
Herkunft des Wortes		Worterklärung	Beugungsform	Steigerungsform	

1 Schreibe auf, auf welche Auskünfte bei den folgenden Stichwörtern hingewiesen wird.

in|ter|es|sant [*franz.*, am interessantesten]: ein interessantes Buch, ein interessanter Mensch ______

Interview das [*engl.*, intɛrvju, des Interviews, die Interviews]: Befragung ______

Na|ti|on die [*lat.*]: Gemeinschaft von Menschen gleicher Geschichte und meistens gleicher Sprache ______

regieren [*lat.*]; du regierst, er hat regiert ______

reif [am reifsten]: ausgewachsen, geeignet; ein reifer Apfel; der Plan ist reif zur Ausführung ______

Du findest solche Symbole und Abkürzungen in verschiedenen Wörterbüchern. Schlage nach und besprich sie mit deinem Partner.

2 Kreuze an, welche Angaben du bei den Stichwörtern dieses Ausschnittes aus einem Wörterbuch findest.

grässlich [grässlicher, am grässlichsten]

Grat der [des Grat(e)s, die Grate]: Kante, Bergkamm

Gräte die

Gratifikation die: finanzielle Sonderzuwendung, z. B. zu Weihnachten

gratis [*lat.*]: er gibt dir die Karte gratis (unentgeltlich)

Grätsche die: Sprung mit gespreizten Beinen

grätschen: du grätschst über den Kasten, er grätschte, er hat/ist gegrätscht

Gra|tu|lant der [*lat.*, des Gratulanten, die Gratulanten]

Gratulation die: Glückwunsch

gratulieren: du gratulierst ihr, er gratulierte, er hat gratuliert

Stichwort	Geschlecht	Mehrzahl	2. Fall	Betonung	Herkunft	Erklärung	Trennung	Beugung	Steigerung	Beispiel für die Verwendung
grässlich									X	

3 Nimm dein Wörterbuch zu Hilfe und schreibe heraus, welche Angaben du bei den folgenden Wörtern findest.

Stichwort	Geschlecht	Trennung	Bedeutung	Mehrzahl
Insekt	*das*	*In - sekt*	*Kerbtier*	*die Insekten*
Granit				
Instrument				
Strapaze				
Existenz				

Lege selbst eine Tabelle in dieser Form als Aufgabe für deinen Partner an.

Nachschlagen zusammengesetzter und gebeugter Wörter

Manche Wörter sind in der Form, in der du sie schreiben musst, im Wörterbuch nicht sofort zu finden; sie sind häufig bei einem anderen Stichwort aufgeführt.

1 Bei den folgenden Stichwörtern sind im Wörterbuch mehrere Ableitungen angegeben. Schlage nach und trage sie in die Tabelle ein.

Stichwort	abgeleitetes Nomen	Verb	Präteritum	Adjektiv
Frage				fraglich
Loch				
tragen	Träger			
Schaden				
genießen				

Du kannst in jeder Reihe den gemeinsamen Wortstamm erkennen. Unterstreiche ihn.

2 Zusammengesetzte Nomen findest du, wenn du sie zerlegst und einzeln nachschlägst.

Du suchst:	Du schlägst nach:	Seite	
Briefkasten	Brief + Kasten		
Feueralarm			
Regenmantel			
Gummistiefel			
Lammfell			
Sonnenschirm			

3 Viele Verben, die mit einer Vorsilbe zusammengesetzt sind, findest du im Wörterbuch nur, indem du die Vorsilbe weglässt: „ab | schreiben" → nachgeschlagen wird „schreiben".

Unterstreiche bei den folgenden Verben das Wort, das du nachschlägst. Suche es dann im Wörterbuch und gib an, auf welcher Seite du es findest.

ausfahren: S. ____ verkommen: ____ beschreiben: ____ einführen: ____ ablassen: ____

vorsprechen: ____ mitspielen: ____ abdrucken: ____ verschlafen: ____ austrinken: ____

4 Bei gebeugten Wortformen musst du die Grundform bilden; sie ist im Wörterbuch immer zu finden. Übe nun das Nachschlagen von Verben, die gegenüber der Grundform stark verändert sind.

	nachgeschlagen wird:	Seite		nachgeschlagen wird:	Seite
er schrieb	schreiben		sie hat getrunken		
er ist erfroren			wir haben geholfen		
sie nahm			sie bliesen		
er ist gerannt			sie schossen		

Suche aus einem Text gebeugte Verben heraus und lass sie von deinem Partner im Wörterbuch suchen.

Hier übst du Nomen mit „ss“

Stellt heraus, zwischen welchen Lauten im Wort „ss“ steht.

Fahre nach und schreibe ab.	Ergänze und bilde den Plural.	Trenne das Wort.	Bilde ein zusammengesetztes Nomen.
die Gasse	die G en	Gasse Gas - se	die Seiten-☐
die Kasse	die K en	Kasse	die Abend-☐
die Klasse	die Kl en	Klasse	die ☐-Fahrt
die Masse	die M en	Masse	die Teig-☐
die Tasse	die T en	Tasse	die Kaffee-☐
der Kessel	die K el	Kessel	der Wasser-☐
das Messer	die M er	Messer	das Taschen-☐
der Sessel	die S el	Sessel	der Polster-☐
das Kissen	die K en	Kissen	die ☐-Hülle
der Schlüssel	die Schl el	Schlüssel	der ☐-Bund
die Schüssel	die Sch eln	Schüssel	die Milch-☐
die Flosse	die Fl en	Flosse	die Rücken-☐

Hier kannst du Verben mit „ss“ üben

Fahre nach und schreibe ab.	Schreibe das Wort getrennt auf.	Bilde das Präsens.	Setze die passende Form des Präteritums ein.
essen __________	ıı–ııı __________	er .... __________	Das Kind __________ immer Spaghetti/Spagetti.
fressen __________	/ııı–ııı __________	er ...... __________	Der Löwe __________ seine Beute auf.
messen __________	ııı–ııı __________	du ..... __________	Mutter __________ die Länge des Rockes.
vergessen __________	ııı–/ıı–ııı __________	ihr .... __________	Rita __________ ihre Aufgabe.
pressen __________	/ııı–ııı __________	er ...... __________	Er __________ den Saft aus der Zitrone.
fassen __________	/ıı–ııı __________	du ..... an __________	Die Kinder __________ sich an den Händen.
hassen __________	/ıı–ııı __________	er ..... __________	Alle Völker __________ ihre Tyrannen.
passen __________	/ıı–ııı __________	es ..... mir __________	Der Anzug __________ ihm nicht mehr.
vermissen __________	ııı–ııı–ııı __________	ihr .... __________	Vater __________ seinen Schlüssel.
lassen __________	/ıı–ııı __________	du ..... __________	Sie __________ den Hund hinaus.
müssen __________	ııı–ııı __________	ihr ..... __________	Peter __________ abwaschen.
verlassen __________	ııı–/ıı–ııı __________	du .... __________	Sie __________ den Saal.

Hier übst du Wörter mit „ß“ in der Grundform

Sprich deutlich, fahre nach und schreibe ab.	Schreibe das Wort getrennt auf.	Setze die passende Form des Präteritums ein.	Bilde ein Nomen.
fließen ___	*flie* - ___ ___	Das Wasser ___ in den Keller.	*der* ___
genießen ___	___ - *nie* - ___ ___	Sie ___ ihren Urlaub sehr.	*der* ___
gießen ___	*gie* - ___ ___	Es ___ in Strömen.	*der* ___
schießen ___	*schie* - ___ ___	Er ver___ den Elfmeter.	*der* ___
schließen ___	*schlie* - ___ ___	Sie ___ das Auto ab.	*das* ___
verdrießen ___	___ - *drie* - ___ ___	Die Niederlage ___ alle sehr.	*der* ___
beißen ___	*bei* - ___ ___	Das Kind ___ in den Apfel.	*der* ___
reißen ___	*rei* - ___ ___	Beim Toben zer___ sie ihre Hose.	*der* ___
stoßen ___	*sto* - ___ ___	Er ___ auf ein großes Hindernis.	*der* ___
büßen ___	*bü* - ___ ___	Der Dieb ver___ eine lange Strafe.	*die* ___
grüßen ___	*grü* - ___ ___	Er be___ seine Gäste freundlich.	*der* ___
süßen ___	*sü* - ___ ___	Er ___ die Nachspeise.	*der* ___ *-Stoff* ___

Bei diesen Wörtern musst du auf die Ableitung achten

Fahre das Wort nach.	Fahre farbig nach und schreibe ab.	Baue das Wort auf.	Ergänze und schreibe ab.
kalt	ä — sich erkälten	die K e t l ä	die Er . . . . ung
falsch	ä — fälschen	der ä r l F e s c h	die F . . . . . ung
stark	ä — stärken	die k e t L ä r	die Ver . . . . . ung
Schatz	ä — schätzen	der z e Sch t r ä	die Ein . . . . . . ung
zahm	ä — zähmen	die Z g h u n m ä	die Be . . . . ung
Walze	ä — wälzen	z u ä e z w m l	die Um . . . ung
warm	ä — wärmen	die r W ä e m	die Er . . . . ung
rauben	äu — ausräubern	der äu e r R b	r . . . . . isch
sauber	äu — säubern	die äu b r u e L n g	s . . . . . lich
Raum	äu — räumen	m ei r e äu r n	die . . . . ung
saugen	äu — säugen	der äu i g n L l g	das . . . . . tier
Traum	äu — träumen	der r e m r T ä u	t . . . . . . isch

Hier übst du Nomen mit doppeltem Konsonanten

Fahre nach und schreibe ab.	Sprich das Wort laut und ergänze es.	Bilde den Plural, wo es möglich ist.	Bilde zusammengesetzte Nomen. Sprich das Wort laut und schreibe es dann.
die Million	die M on	die l ı l l ı ı ı ı ı	das ____________ spiel
das Metall	das Me	die l ı l ı l l ı	das Leicht____________
die Welle	die W	die l ı l l ı ı	der ____________ berg
der Hammer	der H r	die l ï ı ı ı	der ____________ stiel
der Schlamm	der Schl	der l ı l l ı ı ı (!)	das ____________ bad
das Programm	das Progr	die l ı ı ȷ ı ı ı ı ı	das ____________ heft
der Sinn	der S	die l ı ı ı	das ____________ bild
die Tanne	die T	die l ı ı ı ı	der ____________ baum
der Schritt	der Schr	die l ı l ı ı l l ı	die ____________ länge
die Stätte	die St	die l l ı l l ı ı	die Ruhe____________
die Waffe	die W	die l ı l l ı ı	die ____________ kammer
das Geröll	das Ger	das ȷ ı ı ı l l (!)	die ____________ halde

Hier kannst du weitere Lernwörter mit doppeltem Konsonanten und Lernwörter mit doppeltem Vokal üben

Fahre nach und schreibe ab.	Sprich das Wort laut und ergänze es.	Schreibe das Wort nun ganz.	Achtung! Verschiedene Aufgaben.
herrschen	h __ schen		der
erschüttern	ersch __ rn		die
bestimmt	best __ t		die
toll	t __		am
allein	__ ein		der A g n e g l l n i a
zufällig	zuf __ ig		der
allerdings	__ dings		a d l s i e l g n r
der Staat	der St __ t	der	der S ü e a a b s t r r t g
die Beere	die B __ re	die	das o e e s B r b e t n
die Idee	die Id __	die	Sie hatten eine gute
der Zoo	der Z __	der	der b Z c u e o h o s
das Haar	das H __ r	das	der a m c H r sch a u k

Hier kannst du Lernwörter mit „ie“ üben

Fahre nach und schreibe ab.	Ergänze das Wort.	Sprich das Wort und trenne, wo es möglich ist.	Schreibe das Wort richtig und vergleiche.
trainieren	trai___ren	trai - nie - ren	
bieten	___ten		
Gebiet	Ge___		
Regierung	Re___rung		
Priester	___ter		
Industrie	In___		
Kiefer	___fer		
Kies	K___	———	
Dienstag	___tag		
neugierig	neu___rig		
verschieden	ver___den		
ziemlich	___lich		

Hier kannst du Wörter mit Dehnungs-„h" üben

Fahre nach und schreibe ab.	Ergänze das Wort.	Sprich das Wort und trenne es.	Schreibe das Wort richtig und vergleiche.
fehlen	… len	feh-len	/ ı / / ı ı
lehnen	… nen		/ ı / ı ı ı
dehnen	… nen		/ ı / ı ı ı
empfehlen	em … len		ı ı / / ı / / ı ı
wählen	… len		ı ı / / ı ı
verehren	ver … ren		ı ı ı ı / ı ı ı
gefährlich	ge … lich		/ ı / ı / ı / ı ı /
wahrscheinlich	… scheinlich		ı ı / ı ı ı / ı ı ı / ı ı /
ahnen	ah …		ı / ı ı ı
berühmt	be …		/ ı ı ı / ı ı
allmählich	all … lich		ı / / ı ı / / ı ı /
gewöhnlich	ge … lich		/ ı ı ı / ı / ı ı /

Hier kannst du weitere Wörter mit Dehnungs-„h“ und „ie“ üben

Fahre nach und schreibe ab.	Ergänze das Wort.	Sprich das Wort und trenne, wo es möglich ist.	Achtung! Prüfe dich.
die Gefahr	die Ge__	die Ge- fahr	Abenteurer lieben ______
der Verkehr	der Ver__	der ______	Vorsicht im Straßen______!
die Nahrung	die __rung	die ______	Viel Obst in der ______ ist gesund.
durchführen	durchf__ren	______	Sie ______ viele Wettspiele durch.
während	w__rend	______	Felix träumt ______ der Busfahrt.
zahlreich	z__reich	______	Kathrin besitzt ______ Autobilder.
das Säugetier	das Säuget__r	das ______	Delphine sind ______.
riesig	r__ig	______	Im Flussbett liegen ______ Felsbrocken.
verschieden	versch__en	______	Heike und Evi sind oft ______ Ansicht.
schließlich	schl__lich	______	______ ist verwandt mit „schließen“.
schwierig	schw__ig	______	Ist diese Übung ______?
niemand	__mand	______	Hat ______ eine fehlerfreie Arbeit?

Hier findest du Übungen für Wörter, die dir Schwierigkeiten bereiten

1 Du kannst Wörter gezielt lernen und üben, indem du sie den folgenden drei Gruppen zuordnest:

blasen Kino Eisen	→ Bei diesen Wörtern hilft dir deutliches Sprechen und genaues Hinhören.	b l a s e n K i n o Ei s e n
träumen gefährlich Schönheit	→ Bei diesen Wörtern hilft Nachdenken über Wortverwandte oder eine Merkhilfe.	→ Traum → Gefahr → Endung „-heit“ = Nomen
Himbeere wechseln Vieh	→ Bei diesen Wörtern musst du dir etwas einprägen.	→ ee → chs → V ieh

Kläre mit deinem Partner, welcher Gruppe du diese Wörter zuordnen kannst.

Heimat	tödlich	verteidigen	Wunde	Kiefer	tüchtig	Erzeugnis	klagen

Überprüfe Wörter, bei denen dir Fehler passieren, immer auch danach, welcher Gruppe du sie zuordnen kannst.

2 Wörter, die du noch nicht beherrscht, kannst du in eine Liste eintragen; die Listen kannst du in einem Ordner sammeln. Deine „Trainingsliste“ kann so aussehen:

Meine Fehlerwörter	richtig?					5 x richtig ☺
	1	2	3	4	5	
~~das Fahrrad~~	r	r	r	r	r	Fahrrad
die Auswahl	r					
...						

So kannst du arbeiten:
- Du trägst deine Fehlerwörter (natürlich richtig) ein und unterstreichst deine Fehlerstelle.
- Arbeite an zwei oder drei Wörtern nach den Anweisungen 3 bis 7 dieser Seite.
- Lass dir die geübten Wörter vom Partner diktieren.
- Trage ein r in die Spalten hinter deinem Fehlerwort ein, wenn du richtig geschrieben hast. Bei fünf r kannst du das Wort auf die rechte Seite der Liste übertragen und es auf der linken Seite durchstreichen.

3 Lies das Wort langsam. Sprich es so deutlich, dass du seine Laute hörst.

4 Schreibe das Wort groß und breit auf deinen Block ab. Sprich dabei deutlich mit. *Hütte*

5 Schreibe das Wort ab und rahme es farbig ein. *nützen* *Gipfel*

6 Lies das Wort ganz. Decke es dann Buchstabe für Buchstabe auf und buchstabiere leise mit.

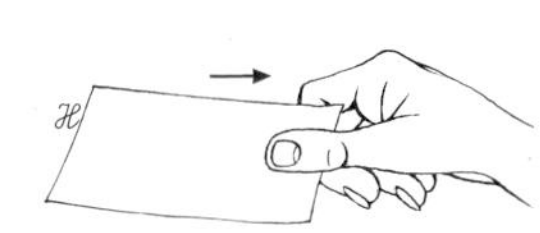

7 Schau dir dein Wort genau an. Decke es dann ab und schreibe es aus der Vorstellung in Geheimschrift auf.

→ *richtig*

8 Schlage das Wort im Wörterbuch nach. Schreibe eine Zusammensetzung oder eine andere Wortform heraus.
stoßen → du stößt, der Stoß

9 Schreibe die Nomen unter deinen Wörtern im Singular und im Plural.

10 Schreibe die Verben unter deinen Wörtern in der „du-Form“ im Präsens und im Präteritum. Überprüfe sie im Wörterbuch.

11 Schreibe die Adjektive unter deinen Wörtern als Beifügung zu einem Nomen. *hoch → der hohe Baum*

12 Sprich das Wort deutlich in seinen Wortteilen und schreibe es getrennt auf. Kontrolliere es im Wörterbuch.

13 Suche im Verzeichnis S. 50 bis 55 Reimwörter zu deinem Wort und schreibe sie untereinander auf:
schützen – nützen – . . .

14 Setze deine Verben mit möglichst vielen dieser Vorsilben zusammen.

ver	vor	er	an	ab	auf	be	ein

15 Schreibe das Wort ab und kennzeichne schwierige Stellen durch Unterstreichen. *nützen*

16 Suche im Verzeichnis S. 50 bis 55 drei Wörter mit der gleichen Schwierigkeit. Schreibe sie untereinander auf.

Liste der Lernwörter für das 5. Schuljahr

1 Unterstreiche alle Wörter, die du geübt hast.

2 Gib im Kästchen an, ob du ein Wort schon kannst (+) oder noch nicht (–).

A

- ☐ Abenteuer
- ☐ absichtlich
- ☐ äußern
- ☐ ahnen
- ☐ aktiv
- ☐ allein
- ☐ allerdings
- ☐ allmählich
- ☐ Alpen
- ☐ Ampel
- ☐ andere
- ☐ aneignen
- ☐ Anstrengung
- ☐ arm
- ☐ Art
- ☐ Atlas
- ☐ atmen
- ☐ Aufenthalt
- ☐ auflehnen
- ☐ aufmerksam
- ☐ auseinander
- ☐ Auskunft

B

- ☐ Bayern
- ☐ bedauern
- ☐ Bedeutung
- ☐ Beere
- ☐ befehlen
- ☐ befördern
- ☐ Begeisterung
- ☐ begleiten
- ☐ Behauptung
- ☐ berühmt
- ☐ beschäftigen
- ☐ Bescheid
- ☐ beschränken
- ☐ besichtigen
- ☐ besonders
- ☐ bestimmt
- ☐ Beute
- ☐ beweisen
- ☐ bewerben
- ☐ bewundern
- ☐ Bezirk
- ☐ bieten
- ☐ brausen
- ☐ brüten
- ☐ Büro

D

- ☐ dehnen
- ☐ Dienstag
- ☐ Diktat
- ☐ direkt

E

- ☐ ebenso
- ☐ eher
- ☐ Eigenschaft
- ☐ eindringen
- ☐ Einrichtung
- ☐ einzig
- ☐ Eisen
- ☐ empfehlen
- ☐ Englisch
- ☐ entdecken
- ☐ Entfernung
- ☐ entscheiden
- ☐ enttäuscht
- ☐ erben
- ☐ Ereignis
- ☐ Erfolg
- ☐ erobern
- ☐ erreichen
- ☐ erschüttern
- ☐ erwerben
- ☐ Erzeugnis
- ☐ Europa

F

- ☐ Fach
- ☐ fähig
- ☐ faul
- ☐ fehlen
- ☐ Fels
- ☐ Fichte
- ☐ Film
- ☐ Fläche
- ☐ fliehen
- ☐ flitzen
- ☐ fordern
- ☐ Form
- ☐ forschen
- ☐ fort
- ☐ Foto
- ☐ frech
- ☐ frei
- ☐ fruchtbar
- ☐ früh

G

- ☐ Gast
- ☐ Gebiet
- ☐ Gebirge
- ☐ Gedächtnis
- ☐ Geduld
- ☐ Gegenwart
- ☐ gelten
- ☐ gemeinsam
- ☐ gemütlich
- ☐ genau
- ☐ genießen
- ☐ genügend
- ☐ gering
- ☐ gerne
- ☐ Geschichte
- ☐ Geschwindigkeit
- ☐ gewandt
- ☐ gewöhnlich
- ☐ Gift
- ☐ glänzen
- ☐ Gold
- ☐ Grenze
- ☐ gründen
- ☐ gründlich

H

- ☐ Hammer
- ☐ Handel
- ☐ Haupt
- ☐ heftig
- ☐ heimisch
- ☐ herrschen
- ☐ Hof

I

- ☐ Idee
- ☐ Industrie
- ☐ Insekt
- ☐ interessant

K

- ☐ Käse
- ☐ Kiefer
- ☐ Kies
- ☐ Kilometer
- ☐ Kino
- ☐ klagen
- ☐ klingeln
- ☐ klingen
- ☐ komisch
- ☐ Körper
- ☐ krachen
- ☐ kräftig
- ☐ Kreis
- ☐ Kunde
- ☐ Kurve

L

- ☐ Land
- ☐ langsam
- ☐ leisten
- ☐ lenken
- ☐ locken
- ☐ Lösung
- ☐ Lunge

M

- ☐ Macht
- ☐ Masse
- ☐ meiden
- ☐ meist
- ☐ Metall
- ☐ Million
- ☐ mindestens
- ☐ misslingen
- ☐ modern
- ☐ Möglichkeit
- ☐ Mühe
- ☐ München
- ☐ munter
- ☐ Museum

N

- ☐ Nadel
- ☐ neugierig
- ☐ Norden
- ☐ normal
- ☐ notwendig

O

- ☐ obwohl
- ☐ Organ
- ☐ Ozean

P

- ☐ Partner
- ☐ Pilz
- ☐ Plan
- ☐ Priester

- [ ] privat
- [ ] Problem
- [ ] Programm
- [ ] Punkt

R

- [ ] Rad
- [ ] Regel
- [ ] regen
- [ ] Regierung
- [ ] reiben
- [ ] reizen
- [ ] Religion
- [ ] Republik
- [ ] riesig
- [ ] Rind

S

- [ ] Säugetier
- [ ] Schaden
- [ ] schätzen
- [ ] scheu
- [ ] Schicksal
- [ ] Schild
- [ ] Schlamm
- [ ] Schlange
- [ ] schleifen
- [ ] schleudern
- [ ] schmelzen
- [ ] schonen
- [ ] Schrift
- [ ] Schritt
- [ ] Schwein
- [ ] Seil
- [ ] sichtbar
- [ ] Sinn
- [ ] Situation
- [ ] solche
- [ ] Spalt
- [ ] sprengen
- [ ] Spur
- [ ] Staat
- [ ] Stätte
- [ ] starten
- [ ] staunen
- [ ] Strecke
- [ ] Süden

T

- [ ] Tätigkeit
- [ ] Tal
- [ ] Tanne
- [ ] tauen
- [ ] technisch
- [ ] Temperatur
- [ ] tödlich
- [ ] toll
- [ ] trainieren
- [ ] tüchtig
- [ ] typisch

U

- [ ] überwachen
- [ ] Ufer
- [ ] Umgebung
- [ ] Unterkunft
- [ ] Ursache
- [ ] urteilen

V

- [ ] verbreiten
- [ ] Vergangenheit
- [ ] Vergnügen
- [ ] vermissen
- [ ] vermuten
- [ ] vernünftig
- [ ] verschieden
- [ ] verständigen
- [ ] verteidigen
- [ ] verwickeln
- [ ] Verzeichnis

W

- [ ] wälzen
- [ ] Waffe
- [ ] wahrscheinlich
- [ ] Ware
- [ ] Wein
- [ ] Weizen
- [ ] Welle
- [ ] Werkzeug
- [ ] widerstehen
- [ ] wirksam
- [ ] Wirtschaft
- [ ] wühlen
- [ ] würdig
- [ ] Wurzel

Z

- [ ] Zentrum
- [ ] zeugen
- [ ] ziemlich
- [ ] Zoo
- [ ] zufällig
- [ ] Zukunft
- [ ] zunächst
- [ ] zusätzlich
- [ ] Zweifel
- [ ] zwingen

Erklärung der verwendeten grammatischen Fachbegriffe:

Vokal = Selbstlaut
Konsonant = Mitlaut
Nomen = Namenwort
Verb = Zeitwort
Adjektiv = Eigenschaftswort
Pronomen = Fürwort
Artikel = Geschlechtswort
Singular = Einzahl
Plural = Mehrzahl
Präsens = Gegenwart
Präteritum = Vergangenheit
Perfekt = vollendete Gegenwart

Wortschatz der Arbeitshefte für die Jahrgangsstufen 1–4

A
ab
Abend
aber
acht
achten
Acker
ähnlich
ändern
ärgern
alle
als
also
alt
am
Amt
an
anfangen
angeln
Angst
antworten
Apfel
April
arbeiten
Arm
Arzt
Ast
auch
auf
Aufgabe
aufräumen
aufwecken
Auge
August
aus
außen
Auto
Axt

B
Bach
backen
baden
Bagger
Bahn
bald
Ball
Bank
Bart
Bauch
bauen
Baum
begegnen
beginnen
bei
beide
Bein
beinahe
Beispiel
beißen
bellen
beobachten
bequem
bereiten
bereits
Berg
berichten
Beruf
besser
beten
betrachten
Bett
bevor
bewegen
biegen
Bild
billig
bin
binden
Birne
bis
bisschen
bist
bitten
bitter
Blatt
blau
bleiben
blicken
blind
Blitz
Block
bloß
blühen
Blume
bluten
Boden
böse
bohren
Boot
boxen
brauchen
braun
brav
brechen
bremsen
brennen
Brett
Brief
Brille
bringen
Brot
Bruder
Brücke
brummen
Buch
bücken
bunt
Burg
Bus
Butter

C
Christ

D
da
danken
dann
daran
darauf
darin
darüber
darum
das / dass
dauern
Decke
dein
dem
den
denken
der
des
deutlich
deutsch
Dezember
dich
dicht
dick
die
Dieb
dienen
dies
dir
doch
Doktor
donnern
doppelt
Dorf
dort
drängen
Draht
draußen
dreckig
drehen
drei
drohen
drücken
du
dürfen
dumm
dunkel
durch

E
echt
Ecke
Ehe
Ehre
eifrig
eigentlich
eilen
ein
eine
einem
einen
eines
einfach
einmal
einpacken
eins
einzeln
Eis
Eltern
empfangen
empfinden
Ende
eng
Ente
entgegen
er
Erde
erinnern
erklären
erlauben
Erlebnis
ernten
erst
ersticken
erwidern
erzählen
es
essen
etwas
euch
euer
ewig
extra

F
Fabrik
Fahne
fahren
fallen
falsch
Familie
Farbe
Fass
fassen
fast
Februar
Fehler
feiern
fein
Feind
Feld
Fenster
Ferien
fertig
Fest
fest
fett
feucht
Feuer
finden
Finger
Fisch
Flasche
Fleisch
Fleiß
flicken
fliegen
fließen
Flügel
flüstern
Fluss
folgen
fragen
Frau
fremd
fressen
freuen
Freund
Frieden
frieren
frisch
fröhlich
Frühling
Fuchs
fühlen
führen
füllen
fünf
für
fürchten
Fuß
Futter

G
ganz
Garten
Gasse
Gebäude
geben
Geburt
Gedanke
Gefahr
gegen
Gegend
geheim
gehen
Geist
gelb
Geld
gelingen
Gemüse
gerade
Geschäft
geschehen
gescheit
Gesetz
Gesicht
gestern
gesund
Getreide
Gewalt
Gewicht
gewinnen
Gewitter
gießen
giftig

Gipfel
glatt
glauben
gleich
Glocke
Glück
glühen
Gott
graben
Gras
greifen
groß
grün
grüßen
Gruppen
Gummi
gut

H
Haar
haben
hängen
häufig
Haken
halb
halten
Hals
Hand
hart
Hase
hat
hatte
Haufen
Haus
heben
Heft
heiraten
heiß
heißen
heizen
helfen
her
Herbst
Herr
Herz
hetzen
heulen
heute
Hexe
hier
Himmel
hin
Hitze
hocken
höflich
Höhle
hören
hoffen
holen
Holz
Honig
Hose
Hotel
hüpfen
Hütte
Hund
Hunger

I
ich
Igel
ihm
ihn
ihnen
ihr
ihre
im
immer
impfen
in
innen
ins
Insel
irren
ist

J
ja
Jacke
jagen
Jahr
Januar
jeder
jemand
jetzt
jubeln
Jugend
Juli
jung
Juni

K
Käfig
Kaffee
kahl
Kahn
kalt
Kamm
Kampf
kann
Kanne
Karte
Kartoffel
Kasse
Katze
kaufen
kein
Keller
kennen
Kette
keuchen
kichern
Kind
Kirche
Kissen
klar
Klasse
kleben
Kleid
klein
klettern
klopfen
klug
knallen
knicken
Knochen
Knopf
kochen
König
können
Koffer
Kohle
kommen
Kopf
kosten
Kran
krank
kratzen
Kreuz
kriechen
Krieg
Küche
kühl
Kugel
Kuh
Kunst
kurz
Kuss

L
lachen
Lärm
Lampe
lang
lassen
Laub
laufen
laut
Leben
legen
Lehrer
leicht
leiden
leise
leiten
lernen
lesen
leuchten
Leute
Lexikon
Licht
lieben
Lied
liefern
liegen
links
Liter
Loch
locker
Löffel
löschen
Lohn
los
Lücke
lügen
Luft
lustig

M
machen
Mädchen
mähen
März
mahlen
mahnen
Mai
malen
man
manchmal
Mann
Mantel
Mark
Marke
Markt
marschieren
Maschine
Maß
Mauer
Maus
Meer
Mehl
mehr
mein
meinen
melden
Menge
Mensch
merken
messen
Messer
Meter
Metzger
mich
Mieter
Milch
Minute
mir
mit
miteinander
Mittag
Mitte
mixen
Möbel
mögen
Monat
morgen
Motor
müde
Müll
müssen
Mütze
Musik
mutig
Mutter

N
nach
Nachbar
Nacht
nackt
nähen
nämlich
nah
Nahrung
Name
Nase
nass
Natur
neben
nehmen
nein
nennen
Nest
nett
Netz
neu
neun
nicht
nichts
nie
nieder
niemals
niemand
nirgends
noch
Not
Note
November
nützen
Nummer
nun
nur
Nuss

O
ob
oben
Obst
oder
offen
oft
ohne
Ohr
Oktober
Omnibus
Onkel
ordnen
Ort
Ostern

P
packen
Päckchen
Paket
Papier
parken
Pass
passen
Pause

pfeifen
Pfennig
Pferd
pflanzen
pflegen
Pflicht
Pfütze
Pfund
Pinsel
Platz
plötzlich
Polizist
Post
Praxis
Preis
Prüfung
Puppe
putzen

Q
quälen
Quark
Quelle

R
Rakete
rasch
raten
rauchen
rau
Raum
rechnen
rechts
reden
Regen
reich
reif
Reihe
rein
reisen
reißen
reiten
rennen
Rest
retten
richtig
riechen
Ring
Riss
Rock
roh
rollen
Rose
rosten
rot
rudern
rücken
Rücken
rühren
rufen
Ruhe
rund
rutschen

S
Sache
Sack
sagen
Salat
Salz
sammeln
Sand
Satz
sauber
schämen
schaffen
Schale
scharf
Schatten
schauen
Schaukel
scheinen
schenken
Schere
Schi
schicken
schieben
schief
schießen
Schiff
schimpfen
schlafen
schlagen
schlecht
schleichen
schließen
schlimm
Schlitten
Schloss
schlucken
schlüpfen
Schlüssel
schmal
schmecken
Schmerz
schmücken
Schmutz
Schnabel
Schnee
schneiden
schnell
schön
schöpfen
Schokolade
schrecklich
schreiben
schreien
schüchtern
Schürze
Schüssel
schütteln
schütten
schützen
Schuh
Schule
Schulter
Schwanz
schwarz
schweigen
schwer
Schwester
schwierig
schwimmen
schwitzen
sechs
See
sehen
sehr
seid
Seife
sein
seine
seiner
seit
Seite
selber
selbst
selten
senden
September
Sessel
setzen
sich
sicher
sie
sieben
siegen
sind
singen
sinken
sitzen
so
sofort
Sohn
sollen
Sommer
sondern
Sonne
sonst
sorgen
spät
Spannung
Spaß
Speise
Spiegel
spielen
Spitze
Sport
spotten
sprechen
springen
spritzen
spüren
Stab
Stadt
Stamm
stark
stecken
stehlen
steigen
steil
Stein
stellen
sterben
Stern
Steuer
Stiel
still
stimmen
Stirn
stören
Stoff
stolz
stoßen
Strafe
Strand
Straße
Strauß
streicheln
streng
stricken
Stroh
Strom
Stück
stürmen
stürzen
stützen
Stuhl
stumpf
Stunde
suchen
süß

T
Tafel
Tag
tanzen
tapfer
Tasche
Tasse
tauchen
tausend
Taxi
teilen
Telefon
Teller
Teppich
teuer
Text
Theater
tief
Tier
Tochter
Tomate
tot
Träne
tragen
trauen
Traum
treffen
treiben
trennen
Treppe
treten
treu
trinken
trocken
tropfen
trotzdem
Tüte
tun
turnen

U
üben
über
überall
überqueren
Uhr
um
umkehren
und
ungefähr
uns
unser
unter
Unterricht
unterscheiden
Urlaub

V
Vase
Vater
verbieten
Verdacht
vergessen
verhindern
Verkehr
verlangen
verletzen
verlieren
versäumen
verschwinden
verstehen
Vieh
viel
vielleicht
vier
Vogel
Volk
voll
vom
von
vor
vorsichtig

W
wachsen
wählen
während
Wärme
Wagen
wahr
Wald
wandern
war
warnen
warten
was
waschen

Wasser
wechseln
weder
Weg
wegen
wehren
weich
Weihnachten
weil
weinen
weiß
weit
welche
Welt
wem
wenden
wenig
wenn
wer
werden
werfen
wert
wetten
Wetter
wichtig
wie
wieder
wiegen
Wiese
wild
Wind
Winter
wir
wird
wirken
wissen
wo
Woche
Wohnung
Wolke
wollen
Wort
wünschen
Würfel
Wunde
Wurm
Wurst
Wut

Z

zäh
Zahl
zahlen
Zahn
zehn
Zeichen
zeichnen
zeigen
Zeit
Zeitung
Zelt
Zentner
Zettel
Zeugnis
ziehen
Ziel
Zimmer
zittern
zu
Zucker
Zug
zuletzt
zum
Zunge
zur
zurück
zusammen
Zweck
zwei
zwischen

Hinweise für Lehrerinnen und Lehrer

Liebe Kollegin, lieber Kollege,

bitte lesen Sie die folgenden kurzen Hinweise, bevor Sie mit diesem Heft in Ihrer Klasse zu arbeiten beginnen:

(1) Die in den Texten und Übungsaufgaben dieses Heftes vorgegebenen Lernwörter sind besonders häufig vorkommende Wörter der deutschen Schriftsprache. Die Auswahl erfolgte aus dem Vergleich veröffentlichter Wortschatzsammlungen sowie der Auswertung von Schüleraufsätzen.

(2) Die in der Grundschule geübten Wörter (s. Wörterverzeichnis S. 52 bis S. 55) sollen durch permanente Wiederholung in eigenen Arbeitsaufgaben fortlaufend gesichert werden. Zur Arbeit an „Fehlerwörtern“ aus diesem Bereich werden auf S. 49 dieses Heftes eine Reihe von Aufgaben zum individuellen Üben empfohlen.

(3) Die Ausgangstexte im Heft, aus denen die Lernwörter herausgelöst werden, sind nicht als „Nachschrifttexte“ (im Sinne zu diktierender Texte) gedacht. Übungsnachschriften zu den Ausgangstexten (leicht umformulierte Texte mit gleichem Wortmaterial) werden im Lehrerband angeboten.

(4) Zu diesem Arbeitsheft werden vom Verlag vier Lernzielkontrollen in Form von Lückentexten angeboten; sie sind als Kopiervorlagen im Lehrerband enthalten. Zusätzlich enthält der Lehrerband zwei Lernzielkontrollen als Ganztexte. Hinweise zur Durchführung und Bewertung aller Lernzielkontrollen werden im Lehrerband gegeben.

(5) Arbeitsaufgaben mit dem Symbol

sollen die Schüler zunächst mündlich lösen, bevor sie sie schriftlich in Einzelarbeit bearbeiten. Sie erfassen dabei das Klangbild der Wörter und durchdringen Besonderheiten.

Arbeitsaufgaben mit diesem Symbol

führen die Schüler in ihren Übungsheften aus. Der Umfang der zu lösenden Aufgaben richtet sich nach dem individuellen Arbeitstempo der Kinder.

(6) Bei Wortableitungen, Wortzusammensetzungen, beim Zusammenstellen von Wortfamilien sowie beim Reimen sind die neuen Wörter auch inhaltlich zu klären. Für besondere rechtschriftliche Schwierigkeiten, wie z. B. die Groß- bzw. die Kleinschreibung, sollten die Erkennungssignale (Wortendungen, die Substantive bzw. Adjektive erkennen lassen) bewusst gemacht werden.
Dort, wo Schüler selbständig Sätze bilden oder Wörter einsetzen, sollten die Flexionsformen besonders sorgfältig eingeübt werden.

(7) In den Wortlisten auf S. 40 bis S. 48 werden die Lernwörter nach rechtschriftlichen Besonderheiten geordnet noch einmal geübt. Diese Aufgaben können je nach unterrichtlicher Zielsetzung flexibel eingesetzt werden: für die Arbeit an den rechtschriftlichen Besonderheiten, für Verbesserungsarbeit nach Fehlerschwerpunkten, für innere Differenzierung.

(8) Wenn die Schüler eine Nachschrift geschrieben haben, sollten sie die geübten Lernwörter in der Wörterliste kennzeichnen, um Lernfortschritte zu verdeutlichen; nach einer Lernzielkontrolle erfolgt der Vergleich. Wiederholende Übungen mit den Wortlisten oder den Arbeitsaufgaben (S. 49) sowie die Anlage einer Fehlertabelle werden empfohlen.

Wir hoffen, Sie mit diesem Heft und dem zugehörigen Lehrerband im Rechtschreibunterricht Ihrer Jahrgangsstufe unterstützen zu können; für Rückmeldungen sind wir Ihnen dankbar.

G. Gramsamer F. Holzner